MÉMOIRE RAISONNÉ

SUR LA

CIRCULATION INTÉRIEURE

DU COMMERCE

DANS LES ÉTATS

DE LA

MAISON D'AUTRICHE

Pour servir d'explication aux Cartes Hydro-graphiques générales & particulières de ces États.

OU

Plan général de navigation par des routes d'eau de toutes les mers de l'Europe à la ville de Vienne

PAR F. J. MAIRE,

Ingénieur, Géographe & Hydraulique.

PREMIÈRE PARTIE.

A STRASBOURG,

Chez les Frères GAY, Libraires,

M. DCC. LXXXVI.

———— Si quid noviſti rectius iſtis,

Candidus imperti : ſi non, his utere mecum.

HORATIUS.

PRÉFACE.

Entraîné par un penchant invincible vers la Mécanique, cherchant avec avidité tout ce qui pouvoit nourrir & accroître ce goût naturel, l'Hydraulique a toujours eu pour moi des charmes puissans. Cette science a fait constamment l'objet de mes recherches & de mes spéculations. Je me suis fait une étude d'obferver attentivement tout ce qui pouvoit y avoir du rapport. J'ai confulté les plus beaux monumens que nous ayons en ce genre ; j'ai recueilli les obfervations des gens de l'art ; j'ai travaillé fans relâche; & fi je puis me flatter d'avoir fait quelques progrès, j'en fuis redevable aux fecours étrangers & aux lumières de l'expérience.

PRÉFACE.

Appellé dans cette région par une incli-
nation naturelle, je me suis dévoué tout
entier au service de ma nouvelle Patrie ; j'ai
continué mes expériences que le succès n'a
point démenties. Charmé à la vue des richesses sans nombre, que le climat offre de
lui-même, & des ressources en tout genre,
que la nature présente pour élever sans peine
les États héréditaires d'Autriche au plus haut
degré de gloire & de splendeur, je me suis
efforcé depuis plusieurs années de dessiller
les yeux, & de démontrer autant qu'il étoit
en mon pouvoir, les moyens d'y arriver.

Je n'ai pu jusqu'à présent parvenir à être
écouté; je publie mes travaux, sans que je
puisse espérer d'en voir l'exécution. Les obstacles que j'ai à combattre, sont de nature à
ne pouvoir être anéantis par une main aussi
foible que la mienne. Mais si je ne puis con-

vaincre les efprits, j'aurai du moins la gloire de l'avoir entrepris.

La jonction de la Viftule au Dniepper par le monument immortel & glorieux exécuté en Pologne par M. d'Oginsky ; le peu d'efpérance de jouir du fruit de mes travaux, & le défir d'être peut-être utile à quelques zélés Patriotes, font les motifs qui m'engagent à publier cet ouvrage, fruit d'un travail de quinze années. Je n'offre point au Public quelques combinaifons hafardées ; c'eft le réfultat d'une étude opiniâtre & non interrompue.

Je n'ai garde d'ofer croire que cet ouvrage foit fans défaut, & que l'on ne puiffe attaquer quelques parties de mon fyftême ; mais s'il y a de la préfomption à fe croire infaillible, on ne peut fans être infenfé ou ftupide, fe refufer à la force de l'évidence ; trop heu-

reux, fi quelques vérités peuvent compen-
fer les fautes qui fe font gliffées dans mon
travail.

Mon plan étant deftiné à inftruire tous
les états & toutes les conditions, on ne trouvera pas mauvais, que j'aië cherché à le
mettre à la portée de chacun. La fimplicité
de mon ftyle montre affez que j'avois en
vue la multitude, & non les artiftes. Je me
fuis accommodé au génie du vulgaire (*);
je n'ai pas ofé me flatter de préfenter aux
Savans un ouvrage qui fût digne d'eux. Les
gens inftruits fentiront la vérité de mes ar-

(*) Ce n'eft pas aux Savans à qui je veux démontrer que la mer eft plus baffe que les rivières ; mais
j'ai trouvé dans un mémoire du Préfident de la *Vergne* une citation de François-Antoine de Steinberg,
qui, en refutant un certain projet, dit : *qu'il feroit
plus facile de tirer l'eau de la mer Adriatique dans la
Save par la rivière de Lifonzo au moyen de digues ;* il
n'eft pas le feul de cette opinion ; beaucoup de gens
en place m'ont fait la même objection.

gumens, & trouveront leurs principes d'accord avec les miens.

Mon projet trouvera fans doute des antagoniftes & des cenfeurs. Je ferois défefpéré qu'il ne fe rencontrât aucun Ariftarque qui daignât l'attaquer. Toute critique fuppofe quelque mérite à ceux contre qui elle fe déchaine ; & dans ce cas-ci on ne peut me prouver que j'ai tort, qu'en propofant un meilleur plan que celui que je préfente. Toute autre critique feroit plutôt dictée par un efprit mordant & atrabilaire, & ne mériteroit que le mépris. La fatire injufte & piquante peut diftiller fon fiel impunément ; il eft aifé de ridiculifer par quelques quolibets fades & infipides un ouvrage qui a coûté des peines infinies à fon Auteur ; on peut l'attaquer fans même le comprendre ; les coups qu'on lui porte, tombent à faux ,

lorfque les gens fenfés ne reconnoiffent dans
ces Zoïles modernes que des envieux achar-
nés à le détruire & à lui faire perdre le fruit
de fes travaux.

Si quelqu'un daigne faire fur cet ouvrage
des remarques critiques marquées au coin
de la raifon & du bon fens, je les recevrai
avec reconnoiffance. Si je n'y trouve au con-
traire qu'un efprit de vengeance ou de mau-
vaife foi, on trouvera bon, que je les abandonne à leur mauvais deftin, & que je ne
prenne pas même la peine d'y répondre.

J'ofe me flatter, que les zélés Patriotes
ne verront dans cet ouvrage que le défir du
bien public qui me l'a infpiré. J'efpère de
leur indulgence qu'ils daigneront excufer
les imperfections qui s'y feront gliffées, en
faveur du motif qui m'a mis la plume à la
main. On y trouvera peut-être des chofes

étrangères à mon fujet, des répétitions dé-
fagréables ; le ftyle en paroîtra foible & peu
foutenu ; j'avoue que ces reproches feront
fondés. Mais on doit faire attention que
j'ai moins cherché le brillant que le folide,
& que j'ai plus réfléchi aux vérités que je
préfente qu'à la manière de les dire. Les
noms propres & les termes techniques que
j'ai dû employer, ne font pas fufceptibles
d'ornemens, & n'admettent point les fleurs
d'une brillante rhétorique,

Heureux, fi mes efforts engagent quelques citoyens à perfectionner cette ébauche
& à la mettre dans fon jour. Je ferois affez
dédommagé de mes veilles, fi je venois à
bout d'exciter leur émulation & de les forcer à enfanter des projets plus vaftes & mieux
raifonnés. Il fe trouvera peut-être quelqu'un à l'avenir, qui, animé du même défir,

& peut-être plus favorifé que moi par les circonftances, mettra mon projet à exécution, jouira de la gloire de l'invention, après avoir puifé fes idées & fes connoiffances dans mon ouvrage : je n'en ferai point jaloux, toujours content d'avoir été le premier à en fournir le plan, & d'avoir pu contribuer au bonheur général de la Patrie.

MÉMOIRE RAISONNÉ

SUR LA
CIRCULATION INTÉRIEURE
DU COMMERCE
DANS LES ÉTATS
DE LA
MAISON D'AUTRICHE.

INTRODUCTION.

Le goût dominant des écrivains se tourne aujourd'hui vers tout ce qui peut contribuer au bonheur de la société. Le commerce est par-tout l'objet des recherches du Ministre & du savant. Persuadé que ce nerf de l'Etat est la source de l'opulence & du crédit, on a tout fait pour lui donner de l'activité; & nous voyons que les Etats, où il est le plus en vigueur, sont les plus florissans.

On travaille depuis long-temps à étendre le commerce de la Monarchie Autrichienne; la position favorable des pays qui la composent, a fait enfanter plusieurs projets; chaque année voit éclorre de nouvelles productions qui en démontrent l'importance & la nécessité. Des plumes habiles se font exercées tour-à-tour sur un objet si intéressant pour tout bon patriote. Chaque citoyen soupire après l'instant heureux, où l'on verroit l'industrie nationale forcer les obstacles qui la retiennent dans l'inertie, & chercher dans le commerce intérieur les secours les plus prompts & les plus puissans,

Cependant il ne paroît pas encore que l'on cherche à découvrir & à connoître les causes qui ont empéché son établissement, ni les entraves qui l'entretiennent dans sa léthargie. On s'applique encore moins à trouver les vraies routes & les moyens faciles, qui conduisent, pour ainsi dire, à l'éta-

bliſſement de ce commerce ſi néceſſaire &
tant déſiré.

Quel eſt donc l'obſtacle qui anéantit le
commerce dans des provinces ſi belles & ſi
fertiles; qui peut empêcher qu'on ne mette
à profit toutes les reſſources dont elles
abondent?

Qu'on jette les yeux ſur l'empreſſement
particulier que montrent depuis quelque
temps preſque tous les gouvernemens de
l'Europe à conſtruire *des Canaux de communication* pour la circulation intérieure
dans leurs états, & les efforts qu'ils em-
ploient à ſe procurer *des débouchés*, afin
d'entrer toujours un peu plus généralement
en concurrence ; qu'on examine le degré
de crédit & d'opulence où ſont parvenus
des peuples (a) qui ne faiſoient aucune épo-

______

(a) Les Républiques commerçantes.

que dans le fyftême politique : on verra, où l'on a manqué jufqu'à préfent, & quels font les moyens les plus efficaces pour y remédier : on verra, qu'ils nous indiquent la vraie route qu'il faut prendre pour établir la bafe folide d'un commerce auffi durable qu'avantageux, qui ne peut l'être qu'en foutenant la concurrence avec les nations commerçantes.

La concurrence, comme le démontrent tous les auteurs, eft l'ame & l'aiguillon de l'induftrie ; c'eft le principe le plus actif du commerce, qui engage chacun à travailler pour gagner la préférence fur fes concurrens. (b).

Deux chofes font obtenir cette préfé-

____

(b) Il y a deux fortes de concurrence : l'extérieure & l'intérieure. Dans l'extérieure, on doit chercher à exclure les concurrens ; & dans l'intérieure, on doit travailler à les augmenter.

rence; 1° la bonne qualité de la marchandife; 2° le bon marché. Par l'induftrie du manufacturier & les fpéculations du commerçant on parviendra à ces deux fins , fi on leur ouvre des débouchés aifés & peu difpendieux pour le tranfport de leurs marchandifes (c). C'eft le but de cet ouvrage.

Entrer en concurrence & la foutenir eft toujours un avantage , puifque cela fuppofe avoir acquis le droit de concourir à une préférence quelconque, de laquelle on étoit exclu faute de moyen pour concourir. En conféquence être exclu d'une concurrence eft le plus bas degré , ou le plus grand avantage. Parvenir à y prétendre, c'eft avoir

---

(c) Combien d'obftacles à vaincre avant d'en être à ce point! l'habitude nationale , le local des pays s'oppofent fouvent aux efforts, & font capables d'étouffer le génie. Mais ici tout concourt à foutenir une entreprife fi utile , dès qu'on aura terraffé le préjugé ridicule qui craint toute innovation.

gagné beaucoup; & l'anéantir, en s'emparant de l'exclusion, c'est n'avoir plus rien
à désirer.

Si, je suppose, plusieurs provinces d'un
même état se trouvoient avoir de trop la
même denrée ou production, & qu'une des-
dites provinces seulement pût vendre ou
exporter son superflu au moyen de certai-
nes facilités locales, telles que la proximité d'un fleuve, ou autrement, qui lui
permettroient d'établir ses denrées à un
prix, où les autres ne pourroient l'imiter
sans perdre; alors il n'y auroit point de
concurrence entre ces provinces: une seule
feroit favorisée, une seule jouiroit, &
les autres languiroient dans le décourage-
ment.

Cette position est la plus défavorable
dans laquelle un état puisse se trouver. Il

s'y trouve conſtamment lorſqu'il n'a ni chemin de communication, ni navigation, ſoit
naturelle ou artificielle. L'inſtant où toutes
ces choſes s'établiroient, ſeroit celui, où
naîtroit une concurrence ſalutaire pour toutes les provinces de l'état. La province que
nous avons ſuppoſée vendant excluſivement
ſes denrées, ſe trouveroit en concurrence
dans ſon débit avec toutes les autres, qui,
ſe trouvant alors les mêmes facilités qu'elle,
lui diſputeroient & partageroient, à l'avantage général, la préférence dont elle jouiſſoit
excluſivement. Ce qui fait voir, que tout
gouvernement doit s'attacher à entretenir,
ou même faire naître cette concurrence par
toutes ſortes de moyens, ſoit en grévant
les provinces qui ont la ſupériorité du côté
des facilités naturelles, ſoit en tendant une
main ſecourable aux autres, pour établir
par-tout l'égalité entre les concurrens. Ceci
regarde la concurrence intérieure, & com-

prend toutes les productions de l'agriculture & de l'induſtrie.

Cette concurrence intérieure bien établie, il en doit réſulter une proſpérité générale, qui doit refluer ſur toutes les branches du commerce, & mettre la nation ou l'état, où elle ſera ainſi établie & maintenue, dans le cas d'entrer en concurrence extérieure avec tous les états voiſins pour la vente de ſon ſuperflu.

Si cet état parvenu là peut dans la ſuite offrir ſes productions à un prix plus bas que les autres, il anéantit alors toute concurrence, il ceſſe d'avoir à craindre aucune rivalité, & c'eſt à lui ſeul qu'on s'adreſſe. Ce point eſt celui auquel il n'a plus rien à déſirer (d).

(d) La Nation Autrichienne atteindroit à ce degré de proſpérité dans le commerce de preſque toutes

La

La politique des nations maritimes a tellement prévalu aujourd'hui , qu'elle a mis
les continens les mieux fournis & les plus
reculés dans la néceſſité abſolue de ſe ſer-
vir de denrées étrangères ; elles ſont devenues ſi indiſpenſables, qu'il eſt preſque im-
poſſible de s'en paſſer , à moins de com-
mettre une eſpèce de cruauté, en ſévrant
le peuple d'une habitude regardée depuis ſi
long-temps comme une douceur néceſſaire
à la vie. Ces nations maritimes ſe ſont em-
parées de la concurrence , en identifiant
l'intérêt du commerce aux intérêts politi-

---

les productions de l'agriculture, dès qu'elle faciliteroit le tranſport de province à province par l'établiſſement des routes & des canaux. Ses provinces feroient le grenier de l'univers ; & l'agriculture
étant la baſe la plus ſolide de toute proſpérité durable , & en même-temps la ſource la plus conſ-
tante des vraies richeſſes, comme auſſi de la véri-
table puiſſance, elle pourroit être la plus heureuſe
de toutes les nations.

B

ques ; elles ont formé des ligues pour fufciter des obftacles à ceux qui voudroient
établir un nouveau commerce; brifées depuis long-temps au train de leur négoce,
elles feront toujours prêtes & en état
de profiter des fautes indifpenfablement
attachées à de nouvelles entreprifes ; ——
Comment entrer en concurrence avec elles?

Il n'eft plus d'autre reffource pour les
états fans marine, que d'encourager la partie laborative du peuple à augmenter les
matières premières , en facilitant l'exportation par des débouchés & des communications du centre aux extrémités , pour
procurer une circulation libre & facile entre toutes les différentes provinces ; feul
moyen d'entrer en concurrence, & de détruire les obftacles qui fe préfentent à l'établiffement d'une marine.

(19)

Un vaſte état agricole , qui jouit d'un
ſol fertile, qui poſſède en abondance toutes
ſortes de produits , dont le ſuperflu peut
plus que contrebalancer le peu de productions étrangères dont il a beſoin : qui con-
tient des fleuves navigables & des débouchés : qui joint à cela un peuple induſtrieux
& civiliſé, peut en quelque façon anéantir
la concurrence des autres nations par un
commerce & une circulation bien enten-
tendue, ſe promettre toutes ſortes d'avantages, & dire : *que c'eſt à lui qu'il appar-*
tient de pouvoir tout ce qu'il veut.

Au lieu que les états qui n'ont point de
débouchés faciles pour faire paſſer avanta-
geuſement leurs productions chez l'étranger, ne peuvent qu'être tributaires des nations commerçantes ; & s'ils n'ont point
de communications intérieures , ils ſont
ſujets à éprouver les inégalités fâcheuſes &

les révolutions inopinées du prix des denrées, qui tour-à-tour découragent le laboureur & défefpèrent le peuple.

Souvent une province abonde en productions, tandis qu'une autre eft dans la difette ; & ce défaut de circulation met l'une & l'autre dans la trifte néceffité l'une de dépérir par défaut du néceffaire, & l'autre de s'appauvrir par une abondance inutile. Les fabriques mêmes ne font que de vains efforts ; toutes celles qui fe font élévées, & prefque auffi-tôt écroulées, n'attribuent avec juftice leur décadence qu'au défaut de communications.

Les états de la Maifon d'Autriche fe trouvent dans l'un & l'autre cas. Enfoncés au centre du continent de l'Europe, ils ont en eux-mêmes toutes les facultés & tous les germes d'aggrandiffement & de profpérité ; poffédant le fol le plus fertile en

toutes fortes de riches productions ; arro-
fés d'une quantité prodigieufe de fuperb-
bes rivières qui n'attendent que la main de
l'artifte pour fe prêter avec fuccès à toutes fortes de communications : contenant
un peuple policé, qui réunit l'art de culti-
ver les productions à l'induftrie de les employer, mais fe trouvant, faute de débouchés & de circulation intérieure, obligés de
négliger ou abandonner une grande quantité de matières premières qui devroient
faire au moins la balance des befoins d'importation : ayant enfin mille fources de richeffes encore prefque inconnues, ils n'auroient qu'à joindre l'art aux dons de la nature qui les a tant favorifés , pour arriver
à la plus grande fplendeur (e).

(e) Des productions accumulées fans efpérançe
de circulation peuvent entretenir un pays dans
l'abondance, il eft vrai; mais jamais lui procurer

Ces riches productions & toute l'induſtrie des habitans diminuent de valeur par les frais énormes du roulage qui abſorbent les moyens de concourir avec l'étranger , & tariſſent pour ainſi dire les ſources précieuſes de tant de richeſſes.

D'un autre côté l'importation par charrois fait monter les marchandiſes étrangères de première & ſeconde néceſſité à un prix exorbitant, en diminue le grand débit, conſéquemment les revenus des douanes , & en même-temps la réexportation des produits manufacturés.

les aiſances, les commodités & les reſſources qu'apporte avec elle une communication libre & non interrompüe. Des voiſins attentifs attendront le moment , où les débouchés les mettent à même d'échanger le ſuperflu contre les denrées qui leur manquent. L'avantage eſt pour le peuple dont le pays eſt le centre de ce commerce ; & les ſignes des richeſſes (l'argent) appartiennent à ceux qui ont des productions.

Mais ce qui aggrave encore plus le mal, c'est une intolérance nationale, ou une espèce de patriotisme populaire qui dégénère en opiniâtreté contre toutes innovations & coutumes étrangères. Ce sentiment qui n'est enfanté que par le peu de communication des regnicoles avec les autres nations, rétrécit l'esprit de tous les individus, & rend principalement les commerçans incapables de grandes spéculations. Faute de connoître les usages, les goûts & les besoins des états éloignés, ils laissent dépérir les fabriques naissantes de leur propre pays, si coûteuses aux sages Souverains qui en ont jetté les premiers fondemens, en les tenant sous l'oppression d'une avarice ignorante, qui les assujettit comme eux-mêmes à un détail intérieur & leur ôte les moyens de se perfectionner. Ainsi le but principal de la fabrication, qui est de gagner la main-d'œuvre sur l'étranger, se trouve comme

par un monopole à la charge de leurs con-
citoyens.

Le commerce, & fur-tout les manufactures s'anéantiffent toujours, dès qu'on n'a
pas les moyens ou le courage de les augmenter.

Avant d'entrer en matière fur l'application des travaux que je vais propofer, qu'il
me foit permis de mettre fous les yeux du
Lecteur une légère efquiffe des caufes qui
ont empêché le commerce de profpérer dans
les états de la Maifon d'Autriche; celles
qui le tiennent encore dans des entraves
ruineufes, & de faire quelques réflexions
fur l'importance de la marche que peut
prendre le commerce à l'avenir.

Dans les temps où les Puiffances de l'Europe tenoient les peuples dans les fers, &

ne s'en fervoient qu'à faire la guerre pour s'entr'arracher ou pour défendre les différentes provinces, fouvent même pour s'enrichir par le butin ; avant qu'elles euffent connu le luxe & les befoins fuperflus ; avant que les armées perpétuelles fuffent établies, & que ces puiffances euffent ouvert les yeux fur la néceffité du commerce, pour entretenir ces armées nombreufes toujours fur pied : dans ces temps, dis-je, le commerce n'étoit encore connu que des Républiques.

On ne concevoit pas, mais on cherchoit à découvrir, comment de fi petits états ofoient fe montrer rivaux, & rivaux refpectés des grandes Puiffances, qui, jufque là, plus guerrières que politiques, ne s'étoient pas apperçues, que le commerce feul faifoit la force & la fortune de ces Républiques. On ne fentoit pas alors, qu'elles fe préparoient depuis long-temps par des in-

vasions ou des acquisitions de peu de valeur en apparence, par des traités même à
mettre les plus grandes entraves au commerce que le continent pourroit faire à
l'avenir.

La Hollande nous montre par tous ses
traités avec les différens états de l'Europe,
par ses différentes conquêtes, que son but
n'étoit que de s'ouvrir par-tout des moyens
de commerce, & de détruire les débouchés du continent, où elle vouloit se l'approprier. Les îles d'épiceries dont elle s'est
emparée si adroitement, les embouchures
du Rhin & de la Meuse, le territoire de
Maestricht, la clôture de l'Escaut, la con-
quête des rives de la Flandre jusque près de
Bruges, sont des coups de politique, aux-
quels on ne s'attendoit pas alors.

Ce peuple de marchands, dont on connoiſſoiț à peine l'exiſtence, a trouvé dans ſon commerce immenſe des reſſources pour tenir tête aux plus grands Potentats. Il ne s'eſt preſque paſſé aucun événement conſidérable en Europe depuis plus d'un ſiècle, où les Hollandois n'aient joué un rôle intéreſſant. Ils ſont devenus les rivaux des nations qui les mépriſoient, & ont donné des loix aux régions les plus éloignées.

Avant eux les Vénitiens non moins adroits s'étoient emparés de toutes les îles & d'une partie des côtes du Nord de la Méditerranée, pour fermer à l'Allemagne, à la Hongrie, à la Turquie, en un mot à l'eſt & au midi de l'Europe toute communication avec cette mer. Ils jouiſſent encore des côtes précieuſes de l'Iſtrie, & des îles de Croatie, qu'ils entretiennent dans la plus grande miſère, pour empêcher tout eſprit de commerce ſur la côte Croatienne. Ils mettent au commerce de Triefte toutes les entraves qui font en leur pouvoir ; ils tiennent le Milanois, le Mantouan & le Tyrol comme fous une efpèce de contribution, en foumettant ces provinces au paffage de Verone ; ils poffèdent des coupons de territoire par-tout où il y a quelque rivière, qui pourroit procurer des débouchés à l'Autriche (f).

(f) On fait quelle a été l'influence & la conduite des Vénitiens dans le temps du choix des places de commerce, & quelles furent leurs rufes lors de la démarquation des limites entre ces deux états, pour s'emparer des débouchés de la rivière de Lifonzo & des ports Porto Primiero & Porto Grado, afin de boucher tout chemin d'exportation par le Frioul & Aquilée. Mais il eft très-poffible de rétablir ce port & de s'approprier l'embouchure de la Lifonzo fans la leur ôter, & fans qu'ils puiffent y oppofer même une fimple repréfentation. Ils ne craignent rien tant que de voir rétablir Aquilée, Porto-Ré, & Carlopago. Triefte ne les affectoit pas du tout ; ils connoiffoient l'influence qu'ils pouvoient avoir fur ce port, où l'on ne pouvoit parvenir de tous côtés que difficilement.

On voit par-là, qu'ils s'y étoient bien pris pour fe maintenir les maîtres du commerce de la Méditerranée. Mais les Turcs moins pacifiques que l'Autriche, ou moins chargés d'ennemis alors, leur ont enlevé tout ce qu'ils ont pu des îles qui appartenoient au continent de la Porte. Ce fut là, autant que la découverte du Cap de Bonne-Efpérance, l'époque, où leur commerce fe partagea entre toutes les puiffances.

Les villes Anféatiques, en s'emparant de toutes les rivières navigables, fe propofoient de joindre la mer Baltique à la Méditerranée, & de s'affocier une chaine de villes commerçantes, qui auroient à la fuite mis toute l'Europe à contribution, fi la jaloufie des Républiques aidées des puiffances qui commençoient à établir leur commerce, n'eût mis un frein deftructif à la Hanfe.

Toutes les puiſſances, excepté la Maiſon d'Autriche, ſe réveillèrent alors à ces ménées, & travaillèrent non-ſeulement à renverſer les préparatifs de ces Républiques avides & ruſées, mais auſſi à s'approprier tout ce qui pouvoit faciliter leurs nouveaux établiſſemens.

Dans ces temps l'Autriche occupée à ſoutenir ſes droits, à appaiſer des troubles de tout genre, à donner une conſiſtance à la Monarchie, en butte à la jalouſie de ſes rivales, & troublée par différentes ſectes de Religion, perdoit de vue ſes principaux intérêts, & les véritables principes de ſa tranquillité. Elle ne voyoit pas les entraves futures que ces Républiques inquiètes lui préparoient par des extorſions qui, tout injuſtes qu'elles ſoient, ſont cependant enviſagées comme tellement ſacrées, que les nations commerçantes, intéreſſées à les ſou-

tenir, feignent de regarder comme un facri-
lége le défir même de rentrer dans des droits,
qui n'ont leur prefcription établie que fur la
foibleffe & les malheureufes circonftances.

Les nations rivales de la Maifon d'Autriche qui commençoient à perfectionner
leur commerce & leurs manufactures, ap-
puyoient encore par des négociations adroi-
tes tout ce qui pouvoit lui faire perdre
l'idée de commerce, dans le deffein de s'enrichir plus long-temps par les befoins mul-
tipliés qu'elles faifoient naître chez les
grands de cet état.

La Nobleffe qui ne connoiffoit d'autre
avantage que le droit féodal, tenant fes
vaffaux dans la plus étroite fervitude, en
les opprimant pour en tirer de quoi fournir
à fon luxe, empêchoit par-là fes ferfs de penfer au commerce & à l'emploi des matières.

Le génie écrasé sous le despotisme de ces maîtres barbares (g), étoit dans une inertie totale. Sans commerce, sans manufactures ces esclaves ne savoient tirer aucun avantage des trésors que leur prodiguoit la nature; tandis que les despotes qui les avilissoient, se ruinoient en dépenses pour enrichir de la sueur de leurs vassaux les fabriques des ennemis de l'état, & particulièrement les fabriques de colifichets. La curiosité de voir les contrées qui enfantoient tant de jolis petits riens, les engageoit à

(g) Depuis ce temps la Noblesse a bien changé de mœurs à son avantage. Dans quel pays la trouvera-t-on plus affable, plus humaine & plus généreuse? Aussi est-ce depuis cette époque qu'il semble que les sciences & les arts commencent à s'apprêter un nouveau berceau dans ces états, où leurs succès feront d'autant plus éclatans, qu'ils suivent une route déjà frayée par tant de nations différentes, & paroissent n'en suivre les traces, que pour éviter leurs écarts.

voyager;

voyager ; ils ouvrirent les yeux , ils virent les fommes immenfes que le commerce fai- foit entrer annuellement dans les états limi- trophes ; l'air de grandeur & d'opulence qui y régnoit ; des forces confidérables fur pied, des armées de terre & de mer prêtes à mar- cher au premier fignal , une marine nom- breufe & choifie. — Voilà le fpectacle qu'of- froit à nos voyageurs l'induftrie des nations voifines. On effaya de les imiter ; on vit pour la première fois la néceffité d'une ma- rine, & voilà l'époque de l'établiffement du commerce dans la Monarchie Autrichienne.

Enfin fous Charles VI les relations des voyageurs & leurs fpéculations prévalurent fur l'habitude nationale , & firent penfer férieufement au commerce. On commença à en établir les fondemens en conféquence un peu avant les guerres de 1736 qui en fi- rent oublier l'objet.

C

Le port de Porto-Ré, le rétablissement des villes franches, l'accueil fait aux étrangers, la protection accordée aux artistes, les ordonnances rendues en faveur de Vogemont (h), font des preuves complettes que le projet étoit bien dirigé. Mais à la cession de Naples & de Sicile on a changé de systéme. On voit par la renonciation d'aller aux Indes, faite en faveur des Anglois, que le projet d'une marine a été abandonné.

La mort du Monarque, & les guerres qui en furent la suite, arrêterent, ou plutôt anéantirent toutes ces belles spéculations.

Sous Marie-Thérèse & François I on a recommencé avec plus de soin & d'activité.

(h) Voyez son livre intitulé : *La prospérité de l'Allemagne par l'ouverture des rivières & leurs jonctions par des canaux.* 1712.

Mais comme trop de gens ont cru fe connoître en matière de commerce , & que
chacun voulut faire valoir fes fpéculations
particulières , les brigues ont commencé.
On a difputé fur le choix des moyens &
des places de commerce (i); les plus forts
l'ont emporté fur les plus fenfés, & le commerce eft refté fans vigueur. En vain cher-
cha-t-on à attirer les étrangers par les pro-
meffes les plus féduifantes, & à rendre les
manufactures floriffantes par les réglemens
les plus fages : on mit en vain de fortes
entraves à l'exportation des matières premières & à l'importation des marchandifes
fabriquées : on encouragea vainement l'agri-

(i) Il auroit fallu établir en même-temps Aquilée ,
Triefte , Fiume , Porto-Ré , Segna & Carlopago, &
peupler le Littoral. Ces fix ports fe feroient foute-
nus l'un par l'autre contre toute jaloufie, & auroient
élevé par le cabotage une pépinière de matelots ,
fans lefquels on ne peut foutenir une marine.

culture , & on tâcha de pouſſer avec zèle l'amélioration de tous les produits ; tout cela ne produiſit pas l'effet qu'on s'en étoit promis , parce qu'on négligea les points les plus importans : *l'établiſſement de la circulation intérieure par des canaux de navigation , & des routes faciles : la multiplication des débouchés par les mêmes travaux : l'encouragement des exportans par des récompenſes , & la deſtruction de la ſervitude par des affranchiſſemens.* Le génie & l'induſtrie ſont incompatibles avec la ſervitude ; on n'a pas prévu, que ſans l'eſpérance de la propriété il n'y a point d'émulation, point d'arts & point de fabriques ſolides ſans liberté.

On doit donc regarder comme un axiôme certain : *que le droit féodal* eſt un des plus grands obſtacles à la perfection & à la multiplicité des manufactures & des arts ; &

que fans canaux de circulation intérieure dans un grand état, il n'y a point de con-currence , & point de commerce lucratif à efpérer.

On a établi un Confeil de commerce pour remédier aux inconvéniens. On s'eft pro-curé à grands frais des commerçans inf-truits & brifés au train des grandes affaires; on a fuivi la marche & l'exemple des na-tions les plus expérimentées dans l'art de commercer. Mais c'étoit précifément com-mencer par où l'on devoit finir; on a voulu perfectionner l'édifice fans penfer au fonde-ment folide qu'il exige. On a difputé fur le choix d'un port avant de favoir comment y arriver de l'intérieur du pays. Les com-pagnies inutilement foutenues , les entre-prifes en vain protégées n'ont pas moins failli. On s'en eft étonné, on a fenti qu'il y avoit un vice , mais on n'a pas voulu faire un pas en arrière pour en connoître la caufe.

Cependant de tous les temps quantité de favans, d'artiſtes & de négocians expérimentés n'ont ceſſé de donner des projets importans; mais on a, je ne fais par quelle fatalité, toujours mis des obſtacles, qui les ont fait perdre de vue, ou anéantis (1). *L'impoſſibilité, le temps, la dépenſe* ont été

---

(1) Tout nouveau projet a ſes Antagoniſtes. On ſe refuſe à adopter de nouveaux ſyſtêmes, parce que l'utilité ne ſuit pas toujours immédiatement l'exécution. Celui-ci qui ouvre à la Monarchie Autrichienne une ſource de tréſors, peut dédommager dans l'inſtant des frais qu'il pourroit entraîner.

M. de Sonnenfels, dans ſes principes de police, de commerce & finances, parle des projets de Philibert Luchefe.

Le Préſident de la Vergne dit s'être donné toutes les peines imaginables pour trouver une rélation de François-Antoine de Steinberg ſur la com-

tour-à-tour mis en oppofition à la bonne
volonté & à l'intelligence. L'intérêt perfonnel , les jaloufies nationales mal enten-
dues, le défaut d'exemples & d'expérience,
la crainte , la forme ufitée pour l'examen
des projets , & peut-être quelques raifons
plus fortes , qu'on ne fauroit découvrir,
ont accoutumé petit-à-petit la multitude
à croire de bonne foi, que les travaux que
nous voyons avec admiration dans toutes
les parties du monde , font impraticables

---

munication de la Save à la mer Adriatique. Il
parle auffi du projet d'un Anglois pour le même fujet. Je me fuis auffi donné en vain beaucoup de
peines pour les découvrir. Le projet du Colonel
Bréquin pour rendre la Drave navigable , ainfi que
celui du Confeiller Frémaut qui le réfute par un
autre projet, font des pièces fi cachées , qu'il eft
impoffible aux artiftes de les découvrir pour les
confulter. C'eft une des raifons, pour laquelle je
publie mes ouvrages , ainfi qu'a fait Vogemont,
afin qu'à l'avenir un fujet protégé puiffe fe fervir
de nos obfervations.

C iv

dans la partie de l'hémifphère foumife à la domination de la Maifon d'Autriche. Quel aveuglement ! Il ne falloit qu'une feule entreprife de cette nature bien foutenue du gouvernement pour détruire cette opinion que le défefpoir de la pareffe a entretenue jufqu'aujourd'hui, & pour voir, ainfi que dans les autres Monarchies, une foule innombrable de compagnies s'empreffer à ouvrir des canaux dans toutes les provinces de ce grand Empire.

Ce confeil de commerce a enfin vu la néceffité de la navigation intérieure défirée depuis fi long-temps ; il a fait donner des ordres à chaque province, même à chaque diftrict, pour débarraffer les rivières & faciliter la navigation (m).

____

(m) Tant que la direction des ponts & chauffées, canaux & rivières ne fe fera pas fixé un point précis & un fyftême raifonné pour l'harmonie générale

Parmi les fujets chargés de ces opérations, & verfés pour la plupart feulement

---

de toutes les communications refpectivement entre
elles; qu'il n'y aura pas fous un infpecteur général
des infpecteurs ambulans dans chaque province,
où chacun prendra fes ordres directement du chef
de la direction pour veiller aux opérations des ingénieurs particuliers de chaque diftrict, en faire leurs
rapports pour les confronter avec le fyftême reçu,
& veiller à ce que les ordres qui leur auront été
donnés, foient exécutés felon l'intention du gouvernement, il n'en réfultera jamais que l'effet des
commiffions & des vifites des rivières, qui ont été
faites jufqu'aujourd'hui vainement avec des dépenfes inutiles & ruineufes. En effet à quoi ont fervi
toutes ces vifites? Quel avantage a - t - on tiré de
tant de relations imparfaites? Toutes les rivières
font difpofées de façon, que quand même par des
travaux ruineux & tous les jours répétés on rendroit ces rivières navigables, il faudroit nonobftant cela une compagnie riche & puiffante pour en
entreprendre la navigation entière. Une femblable
compagnie eft toujours en quelque façon à charge
& nuifible à la multitude ; elles font nuifibles &
ruineufes entr'elles, s'il y en a plufieurs. Au lieu
que ces rivières, étant divifées par des canaux qui

dans la jurifprudence, à laquelle ils étoient deftinés, n'ayant pour guides & pour confeils que des arpenteurs fouvent médiocres, les uns n'avoient que des vues bornées qui les égaroient ; d'autres étoient tout-à-fait ignorans dans la partie dont ils ofoient fe charger ; ceux-ci ne travailloient qu'avec une indolence qui leur étoit naturelle ; chacun arbitre de fes idées croyoit pouvoir les fuivre fans réflexion ; tous fans chef agiffoient fans vues & fans fyftême ; abandonnés à leurs caprices, ils travailloient fans principes, & fe difpenfoient même d'exécuter les plans & les projets les plus fages. Voilà ce qui a rendu inutiles les opérations,

---

les traverferoient diamétralement, formeroient naturellement un entrepôt à chaque fection, & tout particulier pourroit conduire fes produits au premier entrepôt, où des commerçans les acheteroient & les conduiroient felon leurs facultés près ou loin, & de mains en mains jufqu'à leur deftination.

que les plus intelligens & les plus actifs exécutoient dans leurs départemens.

Pour obvier à cet inconvénient, on a établi fous un chef inftruit un département général de navigation. Il eft à préfumer, que le défaut de fujets capables a été le feul obftacle à l'avancement de la navigation intérieure. La plupart des ingénieurs, membres de ce département, à peine fortis des écoles avoient moins de pratique que de protection ; d'autres n'ayant jamais rien vu d'exécuté en fait d'architecture hydraulique, il leur étoit bien difficile de juger des effets que pourroient produire tels ou tels travaux appliqués à tel ou tel objet, dont ils ne pouvoient connoître la caufe fans une longue expérience ; car les loix du mouvement des fleuves ont peu de rapport à la théorie géométrique qui faifoit tout leur talent (n).

____

(n) La fcience d'un ingénieur civil doit plus

On fent qu'avec de tels artiftes les chefs les plus inftruits & les plus expérimentés ne pouvoient rien opérer avec fuccès. Auffi les projets qui ont été donnés pour la navigation, le peu d'utilité qui en a refulté, les

---

confifter en un talent naturel , un inftinct mécanique qu'en une fcience fcolaftique qui ne fait qu'émouffer l'efprit d'invention. Un tel homme eft toujours meilleur applicateur , que bon démonftrateur. Il s'attache plus à la pratique & à faifir les circonftances mécaniques qu'à une théorie fouvent fauffe ou abftraite. Doué d'un génie univerfel , il eft ordinairement plus politique , naturalifte & phyficien que profond mathématicien, plus jufte comparateur que fubtil calculateur. Rarement un bon démonftrateur fe trouve bon applicateur , & un grand théorifte eft fouvent un fort mauvais conftructeur ou praticien. Au refte on trouve affez de fubalternes brifés au détail & bornés chacun dans fa partie , pour être employés fous la main du génie vafte & hardi, qui a le courage de raffembler & mettre à fa place chaque partie détachée des différens talens , pour n'en faire qu'un tout qui embraffe & forme avec fuccès l'ame & le principe vivifiant du mouvement général de la fociété.

travaux qui ont été faits, autorifent bien la réforme que l'on a faite de ce département, qui, mieux choifi, auroit fans doute rempli les vues du gouvernement, & n'auroit pas fubi cette réforme à l'avénement heureux de JOSEPH II au trône.

Ce Monarque actif & clairvoyant, en fe chargeant lui-même des rênes du gouvernement, a trouvé que, malgré tous les efforts de fes Prédéceffeurs, le commerce n'avoit encore pû prendre de confiftance, mais que la nation commençoit malgré tant d'obftacles à faire quelques progrès ; ce Prince a parfaitement fenti, qu'un objet de cette importance méritoit toute fon attention. Il examina attentivement la caufe du peu de fuccès des entreprifes avortées jufqu'à préfent ; il la trouva dans le peu d'aptitude de ceux qui s'en étoient mêlés ; il a réformé plufieurs abus, & n'a confervé des membres de ce département que ceux d'une capacité reconnue.

Voilà à-peu-près la marche qu'a fuivie le train du commerce de cette Monarchie jufqu'à cette époque. On connoît fon état préfent.

Cette matière prefque étrangère à mon ouvrage, mais cependant néceffaire, auroit dû être traitée avec plus d'étendue & de précifion. Mais je fuis obligé de couler avec rapidité fur les événemens, pour ne pas trop m'éloigner de mon fujet.

C'eft à cette époque heureufe que la na-ture femble mettre en évidence les divers changemens qu'elle fait éprouver fucceffi-vement fur les différentes parties de notre globe. Sa main appéfantie depuis fi long-temps fur cette belle partie de l'hémifphère vient pour la foulager de lui donner un reftaurateur.

Ce Prince auffi zélé que prudent paroît ne vouloir employer que de fûrs & fages moyens pour établir le commerce fur une bafe folide & durable ; il voit la néceffité des débouchés, & s'empreffe d'y pourvoir.

Mais le commerce de la mer Noire par l'unique voie du Danube qu'on lui fait envifager comme la feule iffue praticable, ne peut toujours être qu'un commerce précaire & intermittent. Les difficultés infinies qu'il y a à furmonter, rendront en tout temps ce voyage coûteux & dangereux, non feulement par la longueur du trajet, les écueils & cataractes qui font politiquement irréparables, mais la perte fur le change de l'argent (o), la néceffité de fe

____

(o) La valeur intrinféque de la piaftre turque

fervir de matelots Turcs, les rifques qu'il y a à courir dans un pays, où l'anarchie expofe fouvent le Souverain même, & la crainte continuelle de tout perdre forment les plus grands obftacles. Les frais énormes & varians abforbent la concurrence & augmentent le prix de l'importation.

Ce commerce fera toujours fujet à des révolutions. Quand même il ne feroit pas de l'intérêt de la Porte d'y mettre des entraves pour affoiblir la richeffe & la popula-

---

eft au plus haut de 42 ou 43 k^{rs} & pour folder 86 à 90 piaftres, il faut payer ordinairement 100 florins.

La valeur intrinféque du ducat Vénitien vis-à-vis de celui de Kremnitz n'eft que de deux paras de plus ; & nonobftant il vaut ordinairement en Turquie 5 piaftres, 10, 12 à 15 paras ; quand celui de Kremnitz ne vaut que $4\frac{1}{4}$ piaftres.

L'écu Ragufan ne vaut en Autriche qu'un florin 25 k^{rs}, & en Turquie $1\frac{1}{2}$ piaftre ou 60 paras.

tion

tion de la Maiſon d'Autriche : il ne faut qu'une banqueroute, qu'une émeute, une rebellion ou quelque brigandage, une méſintelligence entre les Miniſtres, & même une peſte, pour arrêter par un choc deſtructif tout ce foible commerce, ruiner & dégoûter le peu de marchands qui l'auroient entrepris, ou les particuliers qui voudroient y faire valoir leurs fonds.

Et ſuppoſons que par une guerre ſujette aux événemens du haſard on obtiendroit les rives du Danube, & même une marine ſur la mer Noire : ce débouché ſeroit-il meilleur que les ſix que je propoſe, & cette guerre ne coûteroit-elle pas beaucoup plus que des canaux ?

D'ailleurs ces canaux, loin de gêner le commerce du bas Danube, ne feroient que le rendre plus floriſſant, ſans avoir à craindre...

dre le choc ruineux qui pourroit anéantir tout à coup un commerce en vigueur.

Qu'on examine quel tort fait aux nations commerçantes une guerre maritime, quoiqu'elles aient plusieurs débouchés, & que l'on juge après, quel dommage causeroit la cessation entière du seul commerce de la mer Noire pour cette Monarchie (si tant est que ce commerce florisse un jour) on éprouvera malheureusement ce que c'est qu'un choc de commerce.

D'un autre côté l'avantage de débiter ses denrées & ses marchandises chez les Russes ne sera que momentané. La Russie avide par système à saisir tous les moyens d'amélioration, protégeant les sciences & les arts, travaillant à perfectionner l'agriculture, élevant des fabriques sans nombre , augmentant sa population en accueillant nombre d'étrangers qui apportent ordinairement des moyens d'augmenter & de perfectionner les productions ; ayant même une marine déjà refpectée , ne manquera pas dans peu de temps d'emporter la concurrence fur l'Autriche ; & une fois tout ce pays nou-vellement conquis, étant peuplé d'agricul-teurs, & muni de fabriques, le commerce de l'Autriche retombera dans fon premier état d'inactivité.

Au lieu que les canaux que je propofe, traverfant toutes les extrêmités de la Mo-narchie , coupant diamétralement toutes fes belles rivières, fe trouveroient commu-niquer avec la mer Adriatique, la mer d'Al-lemagne , la mer Baltique , joindroient les canaux des Pays-Bas , & même ceux de France.

Les Ruffes induftrieux qui joignent déjà

la Duna au Dniepper, trouveroient bientôt le moyen de fe joindre à ces canaux, dont l'utilité leur feroit rechercher l'alliance de la cour de Vienne, qui auroit l'avantage de la concurrence fur eux à caufe du débouché de la mer Adriatique ; au lieu que, par le commerce unique de la mer Noire, l'Autriche fe trouveroit elle-même obligée de rechercher celle de la Ruffie, & de lui céder la concurrence.

Bien plus, la Maifon d'Autriche n'ayant de débouché que la mer Noire, & les Ruffes pour commerçans; les matières premières qu'elle tranfportera chez eux, diminueront infenfiblement de valeur, à mefure que les productions de ces derniers augmenteront. Mais étant une fois fournis par eux-mêmes, & n'ayant point de concurrens, ils deviendroient les appréciateurs arbitraires du prix des productions de l'Autriche, s'établiroient les courtiers néceffaires de nos marchandifes, s'en approprieroient le commerce chez l'étranger , & la population qu'auroient procurée les avantages d'un commerce momentané , dépériroit bientôt de mifère, & occafionneroit une émigration d'autant plus nuifible à l'état, que l'on fait , qu'un émigrant eft autant que deux fujets de moins pour l'état qu'il abandonne , & par la même raifon deux fujets jour de plus pour l'état où il s'établit.

Toutes ces confidérations , & mon état d'ingénieur hydraulique & géographe, m'ont engagé à exercer mes talens pour montrer, en faveur de la patrie à laquelle je me fuis dévouée, les moyens uniques & infaillibles de mettre en valeur tant de tréfors jufqu'aujourd'hui prefque inutiles.

J'ai recueilli pendant l'efpace de près de

15 ans tout ce que j'ai pu en ouvrages de ce genre, en confultant les différens auteurs ainfi que les habitans. C'eft par une fuite de recherches & d'opérations faites fur les lieux, & avec la confiance qu'infpire l'expérience & une longue étude fur les plus grands modèles, que je veux établir mes fpéculations avec fondement.

Frappé des découvertes précieufes que j'ai faites, & des moyens faciles de procurer des débouchés & des communications fans le fecours des finances de l'état, & fans charger le peuple en aucune manière; d'un autre côté preffentant *les dangers que court le commerce que l'Autriche fait au Levant*, d'être anéanti par la communication récente qui s'eft faite en Pologne entre le Dniepper & la Viftule, & cette dernière à l'Oder déjà jointe à l'Elbe (p), je crois

____

(p) Cette route d'eau va du Dniepper à la Vift

qu'il eſt du devoir d'un ſujet zélé de mettre ce danger évident ſous les yeux du public, & de lui indiquer le remède unique que l'on y puiſſe appliquer avec ſuccès.

C'eſt pourquoi je m'empreſſe de mettre au jour cette carte hydrographique, où l'on peut voir palpablement les effets que

---

tule par la rivière Pripez communiquée au Bug par le canal d'Oginsky ; de la Viſtule à l'Oder par les rivières Brahe, Netze & Warta communiquées par le canal de Prumberg ; de l'Oder à l'Elbe par les rivières Sprée & Havel communiquées par les canaux de Mulroſe & Plauil.

Quoique cette route d'eau exiſte dès à préſent, elle ne ſera cependant fréquentée qu'à la longue, & même qu'après avoir corrigé des défauts eſſentiels qui ſe trouvent dans pluſieurs de ſes canaux. Mais ſi l'Autriche veut, elle peut rendre cette grande communication inutile, en joignant le Nieſter au Poprad, & ce dernier au Waag qui ſe jette dans le Danube, lequel peut être communiqué, ſuivant mon plan, à toutes les mers de l'Europe.

produiront ces débouchés & ces communications , qui non-feulement détruiroient cette nouvelle route d'eau du Niepper à l'Elbe , mais qui produiroient , par une circulation complette & facile dans les états héréditaires , le commerce le plus floriffant, & raffembleroient comme dans un point fixe & au centre de l'état (à Vienne) l'intérêt de tous les commerçans regnicoles ; & ce point fréquenté à l'envi de toutes les nations commerçantes feroit la fource intariffable, d'où l'état & les particuliers tireroient leurs befoins avec abondance. Ce point deviendroit bientôt le gouffre où le commerce du monde viendroit verfer fes tréfors. De-là la richeffe & la force de l'état ; de-là le moyen de fe procurer à l'avenir une marine fans avoir à craindre les traverfes & les ligues peut-être déjà formées pour n'en point laiffer établir de nouvelle.

Je ne m'attacherai pas dans cet ouvrage à prouver que le commerce eſt le plus ſolide fondement d'un grand état : qu'il eſt aujourd'hui la ſource intariſſable où les gouvernemens puiſent les tréſors immenſes qu'il faut pour lever & entretenir les armées devenues ſi nombreuſes & ſi néceſſaires : qu'il eſt le principe de la paix* & de la tranquillité intérieure, le lien le plus ſolide pour unir les hommes, pour les policer, leur faire prendre les mêmes mœurs, les mêmes coûtumes, détruire en eux ce patriotiſme populaire & cette jalouſie qui cauſe l'inimitié entre les provinces d'un même état; & que de tant de conſtitutions différentes & ſouvent nuiſibles, le commerce peut, en les rapprochant, les réduire à une ſeule vraiement utile & néceſſaire.

Ce ſont des vérités établies depuis long-temps, & dont on eſt perſuadé. Quand il s'agit d'un projet de diſcuſſion ; on peut aller à tâtons & former des doutes. Mais lorſque les faits parlent, & qu'on a pour ſoi l'expérience de tous les ſiècles, il faudroit ſe refuſer à l'évidence même pour lutter contre les ſentimens reçus & démontrés.

Je ne m'attacherai pas non plus à citer tant de bons auteurs qui ont donné ſur le commerce des traités auſſi utiles que convainquans. L'axióme que j'expoſe, c'eſt *l'expérience* & *l'exemple* de toutes les puiſſances, qui ne travaillent, qui ne font des traités, & n'entreprennent même des guerres ruineuſes, que pour s'arracher l'avantage de la concurrence les unes ſur les autres.

La tâche que je me propoſe, eſt, d'appliquer les principes généraux de tant de bons auteurs à cet état, d'en montrer la possibilité & les moyens, d'indiquer les voies les plus sûres pour les exécuter, & de détruire, s'il est possible, l'opinion surannée, qui a mis jusqu'aujourd'hui des obstacles insurmontables à la prospérité de tant de belles provinces.

CHAPITRE I.

Réflexions sur la possibilité de joindre par des canaux de communication tous les fleuves & rivières d'un continent, pour détruire l'opinion populaire : qu'une haute chaîne de montagnes est un obstacle insurmontable pour en faire la communication: ou que la mer seroit plus haute qu'une de ces rivières.

LE principe unique pour la communication de deux rivières séparées par une chaîne de montagnes, ou un terrain quelconque trop élevé pour y creuser des canaux, est, de trouver trois points disposés à concourir au but de l'artiste, dont le plus élevé puisse lui fournir une suffisante quantité d'eau, pour être partagée entre les deux points inférieurs.

Le premier doit être choifi dans une colline élevée & affez fpacieufe pour contenir
la quantité d'eau néceffaire au jeu des éclufes pendant une année entière, fans oublier
les différens baffins de nourriture, l'évapo-
ration & la filtration eftimées à proportion
de la fuperficie & de la qualité fpongieufe
ou compacte du terrain; à moins que par
une caufe affez extraordinaire on ne trouve
une rivière fuffifamment fournie d'eau, pour
ne pas avoir à craindre la féchereffe.

Un coup-d'œil fur une carte générale
quelconque fuffira pour mettre chaque lecteur à même de comprendre cette poffibi-
lité, & pour faire voir, que toutes les rivières prenant leur fource fur les parties les
plus élevées du continent qu'elles arrofent,
font inconteftablement plus hautes à leurs
fources qu'à leur embouchure.

La pente de ces rivières eft plus ou moins rapide felon le fol qu'elles parcourent, pour fe perdre dans d'autres rivières plus baffes, & fe joindre fucceffivement les unes aux autres, jufqu'à ce qu'enfin leurs eaux raffemblées fe précipitent dans la mer.

La mer eft donc infiniment plus baffe que le fol du lit de ces rivières.

Un exemple doit fuffire pour montrer, qu'en diminuant la pente d'une rivière, on peut la faire atteindre à la plus haute vallée, pour être conduite à volonté.

Prenant la Culpa à Brod en Croatie (q), cette rivière, la Save & le Danube, avant de fe rendre à la mer Noire, parcourent dans leurs lits un efpace d'environ un mil-

____

(q) *I F.* Carte topohydrographique, planche première, profil.

lion deux cens mille toifes, y compris leurs finuofités. Admettant feulement fix pouces de pente pour cent toifes, fans avoir égard aux cataractes & aux forts courans, ce qui eft la moindre pente imaginable pour une rivière, on obtient par le niveau réel (r) une chûte de mille toifes, c'eft-à-dire, felon le calcul déjà de beaucoup trop foible, que le point, où je prends la

---

(r) Il y a deux fortes de niveaux: le niveau *apparent*, & le niveau *réel*. Le niveau apparent eft celui qui, coupant à l'angle droit une perpendiculaire ou rayon du centre à la furface, forme une tangente fur la circonférence du globe ou cercle; le niveau réel eft celui qui fuit la ligne orbitale ou la circonférence du globe; il diffère du niveau apparent d'environ dix pouces par mille toifes. Mais il y a fur le globe des inégalités confidérables, qui donnent aux rivières plus ou moins de pente felon l'inclinaifon variée des différentes contrées qu'elles parcourent, qui cependant ne fe trouvent pas fur le niveau de la mer que l'on ne peut difconvenir être à peu de chofe près généralement au même niveau.

Culpa, eſt de mille toiſes plus haut que la mer Noire.

Les mers étant inconteſtablement, à très-peu de choſe près, toutes au même niveau (s), la mer Adriatique ſera de même de mille toiſes plus baſſe que la Culpa au point *I.*

La route que je propoſe faire prendre à la Culpa, pour ſe rendre depuis Brod (t) juſqu'à Porto - Ré, n'étant que de vingt mille toiſes, & ſuppoſant encore le double avec les ſinuoſités qu'exige le tournant des montagnes, afin de gagner la pente néceſ-

____

(s) L'inégalité qui ſe trouve entre le niveau réel & l'apparent à proportion de leur eſpace comparé ne peut faire qu'une très - légère différence ſur la totalité de leur valeur.

(t) Voyez Carte topohydrographique, planche première.

faire

faire à la rigole (u), à laquelle je fuppofe autant de pente qu'aux fufdites rivières (j'en-
tends fix pouces par cent toifes) il me refte
encore huit cens toifes pour parvenir à la
gorge ou vallée qui exifte depuis Brod jufqu'à la mer Adriatique. Etant parvenu à
cette gorge, on peut établir le réfervoir,
(v) d'où l'on peut diriger à volonté un baf-
fin de partage (x) placé le plus au niveau
poffible du point mitoyen (y) qui doit conféquemment communiquer dans l'intérieur
du pays.

Quand l'eau a une pente fuffifante pour
s'écouler facilement, en parcourant une efpace de 1,200,000 toifes, elle peut, en s'é-
coulant avec la même pente dans l'efpace

(u) ⎧   *I.* ⎫   Carte topohydrographi-
(v) ⎪   *B.* ⎪   que, planche première,
     ⎬ Voyez   ⎬
(x) ⎪   *C.* ⎪   profil.
(y) ⎩   *D.* ⎭

E

de 60000 toifes , être conduite avec le même niveau au-deſſus d'une vallée élevée de 800 toifes.

Il réfulte de cet exemple , qu'en ménageant une pente bien proportionnée , on peut parvenir à traverfer les chaînes de montagnes , en choififfant entre les gorges qui s'y trouvent en abondance celle qui feroit la moins difpendieufe.

Il me femble, que par cette démonftration chacun peut concevoir , combien les eaux peuvent fe prêter à toutes fortes de communications , & combien la mer eft plus baffe que le fol du continent (z). Pour s'en affurer encore davantage , je renvoie le lecteur aux obfervations aftronomiques & au baromètre (*).

____

(z) Cependant, felon mes obfervations aproximatives , je ne trouve qu'environ 300 toifes de pente du point I F au point E, carte Nº I.

(*) Voyez le P. Liefganig : *Dimenſio graduum &c.* *Vienna* 1770.

On peut donc voir, qu'il n'eft pas néceffaire de niveller avec la plus grande juf-
teffe, pour juger, fi une communication
eft poffible ou non. Un nivellement correct
n'eft néceffaire que pour apprécier un dévis
qui doit être de la plus grande exactitude ;
mais ce dévis ne peut fe faire qu'après qu'il
fera ordonné fur le calibre des canaux, fur
la décoration & le genre de conftruction
qu'on voudra y appliquer, par conféquent
le dévis arbitraire d'un particulier deviendroit inutile.

Quant à l'exécution de ces canaux, je
conviens qu'elle préfente de très-grandes
difficultés au premier abord. Le préjugé n'y
découvre qu'une entreprife téméraire, capable d'effrayer les plus hardis ; les gens
de l'art n'y trouveront qu'une plus am-
ple moiffon de gloire à recueillir. Si le
vulgaire foible & crédule fe roidit contre

les efforts du génie , les bons citoyens en admireront feulement l'audace , & croiront tout poffible à l'artifte qui a imaginé le projet. On trouveroit peut-être peu de fujets expérimentés dans cette partie; car fi l'exemple & la néceffité peuvent feuls donner de l'imagination, il n'y a de même que la pratique & les modèles qui donnent de l'expérience. S'il exifte dans cette capitale des artiftes renommés en ce genre, à quoi fe réduifent leurs talens? Ont-ils jamais été à même d'examiner de pareils monumens? Ont-ils pu puifer leur fcience dans ces ouvrages hardis qui étonnent l'Europe , & qu'il faut voir pour en concevoir une jufte idée ? Le peu d'artiftes curieux & intelligens , que leur penchant naturel entraîne vers cette partie, ne font pas dans le jour favorable à leurs talens; les occafions de les exercer leur font abfolument refufées. Ceux que les circonftances ont traités plus favo-

rablement; & dont une timide circonfpec-
tion n'étouffe pas le génie, n'ont jamais
quitté leurs foyers domeftiques; ils végétent
dans le cercle étroit auquel fe bornent leurs
connoiffances; inçapables d'inventer, ils fui-
vent la routine informe & vicieufe de leurs
prédéçeffeurs, & s'égarent, comme eux,
dans les routes étroites de leur imagination
ftérile.

De tels artiftes craignent d'autant plus
l'invention, qu'elle peut par défaut d'expérience & de modèle les expofer à des fautes
confidérables, leur faire perdre la confiance,
& leur attirer le blâme & le mépris.

D'ailleurs quelquefois poffeffeurs d'une
place qu'ils rempliffent par une routine ai-
fée & monotone, ils fe repofent fur le du-
vet de leurs appointemens, & croient avoir
rempli leur devoir en entrant & fortant des

bureaux aux heures fixes & ordonnées. Si quelques artiftes vigilans & actifs font fortis de leur patrie pour s'inftruire & fe perfectionner, ils retournent rarement dans un pays, où leur art eft fans vigueur & fans confidération. Attachés à un Souverain qui les eftime & les comble de faveurs, ils oublient facilement une patrie qui ne fait pas leur rendre juftice, & fe confacrent au fervice du Monarque qui fait fe les attacher par fes bienfaits. C'eft la politique d'un grand Prince, de favoir attirer & retenir dans fes états les étrangers, dont les talens peuvent lui être utiles; & fon fyftême fera toujours de les préférer même aux regnicoles.

Cependant tous ces obftacles qui exiftoient naturellement dans tous les pays, où ces fortes des travaux étoient encore inconnus, ont été furmontés. Les efforts ont augmenté à proportion des difficultés qui retardoient l'exécution de ces vaftes entre-prifes; la nature a cédé au génie des artif-tes, & le courage a triomphé de tout. La néceffité, l'utilité, l'envie de ne pas être inférieur en talens à fes voifins, ont préva-lu; on a eu la volonté d'entreprendre, & le courage d'exécuter; & le fuccès le plus brillant a couronné les travaux. Un feul de ces monumens, élevé à la vérité en tâton-nant avec beaucoup de dépenfes fuperflues, a fuffi pour former des fujets capables d'exé-cuter avec fuccès des entreprifes quelcon-ques, qui fe multiplioient d'autant plus fa-cilement, que l'expérience & le profit con-courroient à en augmenter le nombre.

Que l'on jette les yeux fur les monar-chies étrangères : on verra l'Angleterre ar-rofée & coupée dans toutes fes parties par des canaux qui étonnent les meilleurs artiſtes. Cette partie de l'adminiſtration eſt un point eſſentiel , auquel le Miniſtère s'atta‑ che particulièrement (1).

La France, outre les canaux de Briare, (2) d'Orléans (3) , de Languedoc (4), une

---

(1) A chaque ouverture le Parlement ordonne la conſtruction de quelques parties de canaux , ou de rendre telle ou telle partie de rivière navigable.

(2) Le canal de Briare fut commencé ſous Henri IV & achevé ſous Louis XIII. Il a près de douze lieues de longueur.

(3) Le canal d'Orléans fut commencé en 1675. par Philippe d'Orléans ſous la minorité de Louis XV.

(4) Sous François I celui qui propoſa le canal de Languedoc , fut traité de viſionnaire , & ſes tra‑ vaux ne lui attirèrent que du blâme. Sous Henri IV il fut à la vérité écouté; mais la mort du Monarque en a retardé l'exécution. Sous Louis XIII, on crai‑ gnit les dépenſes; enfin ſous Louis XIV Pierre‑Paul Riquet forma ce projet utile , & eut la gloire de l'exécuter avec ſuccès. Mais il n'en vit pas faire le premier eſſai, car il mourut à Touloufe en 1680.

des merveilles du monde , qui vient d'être effacée par le canal de Picardie (5) qui, dans une de ſes communications, paſſe trois lieues

---

Cet eſſai ne ſe fit qu'au mois de Mai de l'année ſuivante par les ſoins de ſes deux fils , Jean - Mathias de Riquet, mort Préſident à Mortier au Parlement de Touloufe en 1714. & Pierre-Paul Riquet, Comte de Caraman , Lieutenant - Général des armées du Roi. Ce canal fut commencé 1667. & fini 1680. ſon point de partage eſt à 600 pieds au - deſſus du niveau de la mer, & le réſervoir qui l'abreuve, en eſt à plus de 60 lieues.

(5) Le projet du canal de Picardie a été formé fous les Miniſtres Richelieu , Mazarin & Colbert. Le défaut d'eau pour établir un point de partage entre l'Eſcaut & la Somme étoit l'obſtacle qui empêchoit ſon exécution. Mais les Srs Laurent en ayant démontré la poſſibilité par un canal fouterrain, il fut entrepris vers l'an 1770. Il paſſe trois lieues fous terre, & à 70 évens ou foupireaux, dont il y en a qui ont juſqu'à 220 pieds de profondeur. Ce monument, un des plus hardis de ce ſiècle , devroit détruire toute crainte ou de dépenfes ou d'impoſſibilité; & l'honneur que ſe font attiré les auteurs , devroit encourager tous les artiſtes à les imiter.

fous terre ; la France, dis-je, outre tant de monumens immortels , travaille encore à joindre le Rhône au Rhin , la Loire au Rhône , & fe propofe encore de renverfer le fameux canal de Languedoc pour lui rendre par une plus grande profondeur, une largeur fpacieufe, & par de nouvelles communications le droit d'être le plus beau monument du monde.

La Hollande ne doit fes richeffes & fon exiftence qu'à fes canaux.

La Ruffie , la Pruffe , le Dannemarck, dans le duché de Holftein , la Suède, où le fas d'une des éclufes a 64 pieds de portée ou profondeur taillés dans le roç, n'ont épargné ni peine, ni argent pour écarter les obftacles qu'on rencontre ordinairement dans ces fortes d'ouvrages.

Le Canal de Pologne vient encore de joindre la mer Baltique à la mer Noire ; ce n'eft cependant qu'un particulier qui a entrepris cet ouvrage. Il a réuffi ; & on réuffira toutes les fois qu'on aura le courage d'entreprendre & la fermeté néceffaire pour ne pas être intimidé par des obftacles qui fouvent ne font qu'apparens.

Enfin la multiplication fucceffive de tant de travaux, les nouveaux projets faifis avec tant d'avidité, & tant d'autres monumens auffi utiles que fuperbes qui fe conftruifent par toute l'Europe, font la preuve la plus inconteftable de la facilité qu'il y a de procurer à l'Autriche la gloire & l'avantage de femblables travaux.

Il refte à démontrer que les travaux ne coûteront pas des fommes exorbitantes en raifon des avantages qu'ils peuvent procurer (6).

---

(6) Si l'on calculoit les dépenfes qui ont été faites tant pour les commiffions extraordinairsé & re-

De toutes les preuves que l'on puiſſe donner à ce ſujet , la meilleure eſt , que l'on propoſe de conſtruire une de ces communications moyennant un privilége qui ne portera atteinte à aucune branche de commerce , & qui , bien loin d'être à charge au Public , ou d'exiger quelques ſubſides , (7) lui procurera des bénéfices réels & pécuniaires avant même que l'on mette la main à la conſtruction d'un de ſes canaux. Celui-ci une fois exécuté rapporteroit infailliblement une ſomme ſuffiſante pour employer un certain nombre d'ouvriers à en

---

pétées, les travaux inutiles & les appointemens de ceux qui y ont été employés, on ſeroit étonné de ne pas voir les plus beaux & les plus utiles monumens exécutés à la ſatisfaction des plus grands connoiſſeurs.

(7) Pas même une loterie, qui ſeroit ſûrement mieux employée pour cet objet, qu'à enrichir des particuliers aux dépens de la claſſe la plus malheureuſe du peuple.

conftruire un autre ; ces deux enfemble encore plus facilement à en conftruire un troifième , & fucceffivement des uns aux autres on augmenteroit la maffe des fonds pour la dépenfe au point qu'il rejailliroit dans les coffres des finances un revenu con-fidérable , qui, bien loin d'être à charge au peuple, lui feroit d'autant plus avantageux, qui ce qui paye 10 pour cent de tranfport dans l'état préfent des chofes, n'en payeroit qu'un ou deux après ces travaux exécutés.

Il eft clair que chaque contribuable trou-vant fon profit à fournir aux frais de ces entreprifes, augmentera de tout fon pouvoir la contribution par le zèle même que dicte toujours l'intérêt perfonnel & le défir de s'enrichir. Ainfi tous ceux qui auroient des produits à faire conduire ou tranfporter juf-qu'à la mer , préféreroient de donner 10 pour cent de tranfport, & 10 de droits par la route d'eau, pour n'en pas donner 50 ou 60, & même plus de 100 pour 100 par la route de terre (*).

Auſſi eſt-ce ſur cette expérience & l'appât d'une contribution douce & inſenſible, que les Gouvernemens ont établi le principe de multiplier ces travaux, qui, en augmentant les revenus de l'état, facilitent la circulation & procurent une plus juſte répartition des richeſſes dans la Société.

Plus la répartition des richeſſes eſt univerſelle, plus la multitude, ou les individus les plus contribuables, ſont en état de payer des impoſitions, que les riches particuliers ne payent point en théſauriſant. L'argent en

(*) Le Metzen de grains, l'eimer de vin, le quintal de potaſſe & pluſieurs autres groſſes marchandiſes coûtent 3 florins de tranſport depuis Caniſa à Chakathuan, Varasdin &c. juſqu'à Fiume, Porto-Ré ou Zeng.

circulation paffe vingt fois par les mêmes mains dans une année, & fe multiplie par les productions qu'il procure, tandis que l'argent théfaurifé ne rapporte rien & arrête la circulation (8).

On doit ici faire attention que les nations qui ont fait des canaux, ont fondé leur fyf-téme fur l'efpoir que ces travaux leur fe-roient gagner la concurrence fur leurs voi-fins, & que conféquemment ces voifins payeroient leurs ouvrages avec ufure. C'étoit

---

(8) Si j'ofe ici rapporter un exemple : Colbert voyant la Généralité de Marfeille incapable de fe rélever de maintes fatalités, réduite à ne pouvoir payer aucun impôt faute de population, il y envoya deux millions pour y conftruire le fameux arfenal de marine, & bientôt après, cette contrée fans avoir affoibli fes voifins, a produit une population & un commerce à fouhait, qui non-feulement a mis la province en état de payer fes impôts d'arrérage, mais auffi a rendu avec ufure les 2 millions à la caiffe des finances.

là le fyftême de la France , de l'Angleterre, de la Hollande, &c.

Je conclus donc qu'il eft probable que les eaux peuvent s'élever au deffus de la plus haute colline du littoral d'Autriche ; que l'exécution n'eft pas auffi impoffible qu'on fe l'étoit imaginé anciennement, & que les dépenfes ne feroient pas exorbitantes.

Il s'agit à préfent d'en faire l'application. C'eft le fujet des chapitres fuivans.

CHAPITRE

CHAPITRE II.

Defcription des grandes routes d'eau pour la communication de toutes les extrêmités de l'Etat à la ville de Vienne, & des avantages que ces débouchés pourroient produire.

Avant de détailler chacune des jonctions ou canaux en particulier, je veux mettre fous les yeux, dans ce chapitre, une defcription générale de chaque route d'eau, pour donner une idée en grand de cet ouvrage.

Un Etat eft un corps politique qui doit fuivre en tout les règles que la nature a fi fagement établies pour le phyfique.

La circulation du fang dans notre corps

en entretient les organes; ce sang, conduit par des canaux admirables , se porte au cœur , comme au point de jonction qui le répartit aux extrémités. C'est de ce centre que les principes vitaux se répandent dans toute la machine pour en entretenir l'harmonie. Ce cours naturel une fois intercepté, il en résulte un état de langueur & d'inertie qui en brise les ressorts & en dissout entièrement les liens.

On peut appliquer ce méchanisme à tout état. Il doit avoir à son centre un point de réunion qui reçoive & fasse circuler continuellement les richesses & les productions du terroir. C'est-là , où , des extrémités les plus éloignées, chaque province doit apporter le fruit de son industrie. Semblable à un torrent qui entraîne dans sa course tout ce qu'il rencontre, & s'aggrandit des eaux qu'il trouve sur son passage, ces productions ame-

nées au centre acquièrent un nouveau prix,
qui augmente de beaucoup la valeur intrin-
sèque, & changeant, pour ainsi dire, de nature, elles sont renvoyées aux parties les
plus reculées pour les enrichir, & entretenir par cette circulation non-interrompue
l'abondance dans les pays qui en sont l'entrepôt. Les liens de ce commerce sont-ils
une fois brisés par quelque fâcheux revers,
l'état en souffre, les particuliers voient
échouer leur fortune, & le commerce re-
tombe dans un état de langueur peu différent
du néant.

Les grandes routes d'eau que je propose
de faire aboutir à la ville de Vienne, sont les
veines principales & les artères où circulant
librement & sans cesse, les productions &
les richesses se rendroient du centre aux extrémités, & des extrémités au centre.

La circulation du fang demande une caufe qui produife en nous les effets de l'impulfion pour mettre notre machine en mouvement. C'eft la nourriture qui en eft le principe , la digeftion en eft la caufe.

Il faut donc auffi une nourriture à la circulation fi néceffaire à l'exiftence d'un Etat. Cette nourriture eft le produit de l'exportation qui donne une nouvelle puiffance au centre pour entretenir le mouvement perpétuel de toute la machine ; & cette nourriture ne peut parvenir au centre que par des débouchés faciles ; feul principe de la concurrence.

Il n'eft aucune entreprife que l'on puiffe fe flatter d'exécuter avec fuccès , à moins que l'on ne combine d'avance les obftacles qui peuvent en retarder l'exécution , & que l'on n'ait affez de courage pour ofer les furmonter. Lorfqu'il s'agit d'opérer fur le terrain, le phyfique local oppofe fouvent des difficultés infurmontables ; le peu de rapport entre les parties eft capable d'empêcher abfolument l'harmonie du tout. Le plan actuel que je propofe n'a aucun de ces inconvéniens. La Nature concourt avec l'art pour y donner la plus grande perfection. La ville de Vienne propofée pour ce centre, étant fituée au milieu de la Monarchie fe trouve difpofée (comme on le voit par la Carte) à recevoir & diftribuer avec fuccès toutes les richeffes de la Monarchie par les Canaux qui aboutiffent à toutes les extrémités de fes provinces dans l'ordre ci-après :

I. *Canal de Porto-Ré à Vienne.*

a.] Jonction de la mer à la Culpa.
b.] Jonction de la Culpa à la Save.

(86)

c] Jonction de la Save à la Drave.

d] Jonction de la Drave à la Muer.

e] Jonction de la Muer au Raab.

f] Jonction du Raab au lac Neufidel.

g] Communication du lac Neufidel à Vienne.

II. *Canal de Vienne au Niefter par la Gallicie.*

———

h] Jonction du Waag au Poprad.

i] Jonction du Poprad au Niefter.

k] Canal de la Peltew à la Suchodulka par Lemberg.

III. *Canal de Triefte à Prague.*

———

l] Jonction de la mer à la Save.

m] Jonction de la Save à la Drave.

n] Jonction de la Drave à la Muer.

o] Jonction de la Muer à l'Enns.

p] Jonction du Danube à la Moldau.

IV. *Canal de l'Elbe au Mein.*

---

*] Jonction de l'Eger à la Nabe;
**] Jonction de la Nabe à la Pegnitz.

V. *Canal de la Valachie à Vienne.*

---

q] Jonction de l'Aluta à la Maros;
r] Communication de la Theifs jufqu'à Peft.

VI. *Canal de Vienne au Niefter par la haute Hongrie.*

---

s] Jonction du Raab au lac Balaton.
t] Jonction du lac Balaton au Danube.
u] Jonction du Danube à la Theifs.
x] Jonction de la Theifs au Niefter,

VII. *Canal de Clagenfurt au lac Como par le pays des Grifons.*

---

y] Jonction de la Drave à la Rienz.

F iv

z.] Jonction de l'Adige à l'Adda par la Schlanderbach.

&] Jonction de l'Adige à l'Inn par la Stille.

æ.] Jonction de l'Inn à la Maira par le lac Silfer.

VIII. *Jonction de l'Inn à l'Adige entre Inspruck & Brixen par l'Eifach & la Sill.*

CANAL DE PORTO-RÉ A VIENNE.

CE canal coupant diamétralement la Culpa, la Save, la Begna, la Drave, la Muer, le Raab, la Leytha, la Fifcha, & la Schwechat pour fe rendre au Danube, rendra prefque toutes ces rivières navigables tant au-deffus qu'au deffous de leur fection, & il fera naître des lieux d'entrepôt qui bientôt feront des villes confidérables de commerce.

La Culpa defcendroit par de petits bateaux les produits de fa contrée jufqu'à Carlftadt.

La Save depuis Oberlaybach en feroit de même par de plus forts bateaux jufqu'au deffous d'Agram.

La Drave fortant du Tyrol conduiroit les productions les plus abondantes jufqu'à Varasdin.

La Muer depuis Judenbourg apporteroit à Rackersburg fes plus précieux produits.

Le Raab deviendroit auffi navigable autant que fes eaux le pourroient permettre.

Enfin la Leytha & toutes les petites rivières que ce canal couperoit, defcendroient avec plus de facilité quelques produits jufqu'à leur entrepôt.

La partie occidentale de la Hongrie, voyant les ports avantageux dans chacun de ces entrepôts, s'emprefferoit de remonter jufqu'au canal pour échanger fes productions contre les produits de fabriques qui lui manquent.

Le trajet devenant fi court, fi facile, & le tranfport à un prix fi modique, chacun pourroit faire, tant au-deffus qu'au deffous des feƈtions, une efpèce de petit cabotage.

On fent que dans un trajet court on ne rencontre pas tant d'obftacles, & qu'il eft plus facile, en les voyant fouvent, de les furmonter & de s'y accoutumer. Chaque particulier, même les plus médiocres feroient à même de fe procurer des bateaux proportionnés au courant & aux circonf-tances locales pour parvenir au lieu où le canal coupe la rivière & forme un entrepôt. Là chacun de ces navigateurs trouveroit tant au-deffus qu'au deffous des négocians qui acheteroient ou échangeroient fes den-rées, & les uns & les autres retourneroient à leur deftination avec avantage.

D'ailleurs chaque diftriƈt, & même les

particuliers aiguillonnés par un intérêt préfent, feroient plus zélés & plus capables de nettoyer un petit efpace de rivière entre deux entrepôts, que de l'entreprendre dans tout le cours d'une rivière qui leur eft inconnue, & qui demanderoit des dépenfes & des talens, qu'une grande & riche compagnie trouveroit à peine.

On verroit bientôt toutes ces rivières couvertes d'une infinité de navires proportionnés à la force de leurs eaux, & les rives peuplées de matelots, de commerçans & d'artifans, qui augmenteroient à l'envie les finances & les armées de l'état. On verroit le canal couvert de marchands étrangers apporter leurs richeffes pour enlever le fuperflu des productions annuelles; & on verroit les ports du littoral devenir célèbres & moins dangereux par l'habitude de la fréquentation.

Ce projet ne doit pas être confondu avec ces beaux fyftêmes de fpéculations dont la pratique eft impoffible. Ce font des faits que je propofe. Tout parle en faveur de l'entreprife, & l'avantage qui en réfulteroit, devroit fervir d'aiguillon à tous ceux qui ont à cœur le bonheur & la profpérité de la Monarchie Autrichienne.

CANAL DU NIESTER A VIENNE.

CE canal raſſembleroit, ainſi que le premier dont je viens de parler, toutes les productions de l'intérieur des provinces qu'il traverſe , en rendant navigables ſans peine & ſans travaux les rivières de la Gallicie. Il auroit encore de plus l'avantage d'attirer les productions de la Pologne en échange des vins, des eaux de vie , & des productions de nos fabriques.

Les matières premières qui ſont à vil prix, ſur-tout au midi de la Pologne, s'échangeroient avec un grand avantage pour être tranſportées dans la Gallicie, enſuite à Vienne, & delà à la mer Adriatique, après avoir procuré l'abondance dans l'état.

Cette jonction ſeroit celle de la mer Baltique à la Méditerranée ſi long-temps cherchée comme un bonheur pour l'Europe.

Mais ce qui intéresseroit le plus, c'est que cette route seroit entièrement dans les états de l'Autriche; que cette Monarchie en seroit l'unique maîtresse ; qu'ayant un port franc à Vienne (selon le plan que je me propose d'en donner) toutes les marchandises du nord pour le midi, & celles du midi pour le nord passeroient par Vienne. Les sommes immenses que ce passage apporteroit, le concours des étrangers, le crédit national, la grande circulation de l'argent, l'influence dans le commerce de l'Europe, ne seroient qu'une partie des effets que produiroit cette heureuse communication.

Il est étonnant qu'on ne se soit pas encore apperçu jusqu'à présent de la possibilité d'établir cette route d'eau. Les rivières de Waag & de Poprad sont si près l'une de l'autre & disposées si favorablement, qu'il n'y auroit pas trois mille toises de travaux pour ramasser leurs eaux abondantes dans un réservoir, d'où l'on pourroit avec la plus grande facilité faire un Canal navigable dans le vallon qui reçoit & distribue ces deux rivières l'une au Danube & l'autre à la Vistule.

Cependant depuis long-temps on voit transporter par eau quelques produits depuis Tokay par les rivières de Sajo, de Hernat & Tarza. Là on les transporte par terre l'espace d'environ deux lieues jusqu'à Polocsa, où le Poprad est déjà navigable. Ceci n'est pas une illusion ou un propos en l'air : c'est un fait qui existe déjà depuis long-temps, & qu'on ne peut révoquer en doute.

Enfin qu'on fasse sérieusemeut examiner cette jonction & celle de la Culpa à la mer Adriatique par des personnes instruites &

intéressées

intéreffées à les faire valoir ; on verra que ces deux jonctions ne demandent pas douze lieues de canaux , & peut-être pas quatre ans de temps pour voir paffer & repaffer le commerce de la Baltique à l'Adriatique par une douce & facile navigation au travers des Etats d'Autriche.

Je laiffe aux bons patriotes à juger des avantages que ces deux feuls débouchés procureroient dans ces états.

J'ai déjà dit que , fi un des débouchés venoit à être exécuté , on verroit bientôt des Compagnies nombreufes s'empreffer à les multiplier ; & par ces deux monumens élevés , les rivières de Culpa , de Save & de Drave formeroient comme d'elles-mêmes une route d'eau auffi courte que fûre & fa-cile du nord au midi de l'Europe.

G

Le commerçant du nord qui va fureter
dans les glaces du Pôle pour y trouver ce
qui convient aux habitans du midi, qui s'expofe à le leur conduire par des détours coûteux & dangereux fur les mers qui entourent
l'Europe ; & le marchand qui, par l'appât
d'un plus grand gain, prévient le premier
en apportant au nord ce qu'il a ramaffé
dans les tempêtes & les dangers de fon hémifphère, dédaigneront-ils après cela une
route fi précieufe & les tréfors qui font à
leur portée, tandis qu'ils peuvent fans danger par ces canaux étendre leurs fpéculations,
pour ainfi dire, des glaces du pôle aux feux
du midi ?

CANAL DE TRIESTE A PRAGUE.

C E canal, au moyen du lac de Czirknitz,
communiqueroit, depuis Triefte, la mer
Adriatique à la Save, qu'il couperoit dia-

métralement en Carniole ; il traverferoit
la Drave en Carinthie , la Muer & l'Enns
en Stirie (cette dernière rivière fe jette
dans le Danube en Autriche) la Moldau
communiquée au Danube fur la rive oppo-
fée , à l'embouchure de l'Enns , formeroit
un canal qui traverferoit toute la Monarchie
du midi au nord.

Cette route d'eau établie par cinq jonctions, dont les canaux pris enfemble n'auroient pas trente milles d'Allemagne de longueur, feroit le plus beau monument qui ait
paru en Europe, & n'entraîneroit peut-être
pas à la moitié des dépenfes qu'a coûté celui
de Languedoc à la France.

Cependant fi l'on veut examiner de quel
rapport & de quelle utilité feroit un canal
qui joindroit la mer d'Allemagne à la mer
Adriatique , qui dans ce cas avoifineroit,

pour ainfi dire , les villes de Hambourg ,
Drefde, Prague, Vienne, Clagenfurt, Laybach, &c. de celle de Triefte ; fi l'on faifoit
attention que le commerce confidérable qui
fe fait à Hambourg, fe porteroit en partie
par la ville de Vienne à Triefte, & rendroit
fon port auffi floriffant qu'il eft maintenant
médiocre ; fi l'on vouloit , dis-je , réfléchir
fur ces conféquences, l'énormité de la dé_
penfe s'évanouiroit bientôt, & par le moyen
d'un nouveau fyftême d'exécution que je
propoferai à la fuite de cet ouvrage, & qui
contribueroit beaucoup à diminuer les frais,
on fentira encore mieux que l'obftacle de la
dépenfe n'eft pas un objet affez important
pour arrêter ces travaux.

On voit clairement que ce canal procurera de même que les autres propofés ci-
devant l'avantage de rendre les fections des
rivières navigables prefque d'elles-mêmes &
fans dépenfes de la part de l'état.

CANAL DE L'ELBE AU MEIN.

La communication de l'Eger à la Nabe, & de celle-ci à la Pegnitz qui se jette dans le Mein en passant par Nuremberg, seroit d'autant plus facile à exécuter que cette ville saisiroit avec empressement l'entreprise de cette jonction pas l'appât de tirer le superflu des productions de la Bohême, de la Moravie, de la Hongrie, de la Pologne, & lui feroit franchir tous les obstacles possibles. Les négocians de cette ville accoutumés aux grandes entreprises, n'attendent que de semblables occasions pour employer leurs richesses utilement pour la prospérité de leur ville.

Il ne s'agiroit que de négocier avec eux & avec l'Electeur de Bavière, pour y faire entreprendre la jonction de la Nabe à la petite rivière de Wondra, & bientôt ces travaux s'exécuteroient par différentes compagnies.

Ce canal procureroit outre les avantages du commerce d'exportation celui du tranf-port des attirails , des munitions de guerre, des troupes & des recrues entre l'Autriche & les Pays-bas.

Ces communications de différentes riviè-res formeroient une route d'eau qui com-muniqueroit le port de Triefte avec toutes les mers & prefque tous les grands fleuves de l'Europe, d'autant que le Rhin va être communiqué avec les fleuves de la France. Ce canal le joindroit par le Mein qui s'y perd , en forte qu'on pourroit aller par eau non-feulement de Triefte à Vienne, à Prague, à Drefde , à Hambourg, à Lem-berg par Laybach & Clagenfurt ; mais pé-nétrant jufqu'aux canaux des Pays-Bas & de la France, les mers Méditerranée, Baltique, la mer d'Allemagne & la mer Noire feroient les iffues de ce canal fans bornes.

CANAL DE LA VALACHIE A VIENNE PAR LA TRANSILVANIE.

ON connoît la difficulté de paffer les cataractes du Danube dans le temps de fes eaux baffes, & celle en tout temps de remonter depuis ces cataractes jufqu'à Vienne.

Ce canal rendroit cette navigation auffi fûre, auffi facile & courte qu'elle eft défirée, en joignant l'Aluta à la Maros par Hermanftadt. Un canal de Szegédin à Peft déjà propofé plufieurs fois, formeroit cette route d'eau, qui feroit d'autant plus utile, qu'elle concoureroit à augmenter le commerce du Levant que l'Autriche fait pour toute l'Allemagne, & lui procureroit une partie de ce lui des Pays-Bas, de la Suisse, & même de la France.

Cela ne dépend que d'une négociation, bien ménagée avec la Porte.

Ce canal entraîneroit bientôt après lui la jonction de la Maros à la Samos ; & la Transilvanie deviendroit tout ce qu'on peut désirer d'une aussi fertile province.

CANAL DE VIENNE AU NIESTER PAR LA HAUTE HONGRIE.

CE canal feroit utile en ce qu'il rendroit par la communication intérieure le commerce & la circulation plus florissante ; que toutes les denrées de ces belles contrées viendroient fe rendre au centre de l'état, pour fe répandre par-tout au befoin, & verfant leur fuperflu chez l'étranger, elles fe peupleroient bientôt d'habitans plus riches & plus actifs,

CANAL DE CLAGENFURT AU LAC COMO.

DE tous les canaux, après celui qui join-droit les deux mers du nord à l'Adriatique, celui-ci feroit le plus beau & le plus utile. Il donneroit aux Vénitiens les Suiffes pour concurrens, & ces derniers par l'appât de tirer les vins de Hongrie & les grains de la Pologne prefque en ligne directe & fans danger, entreprendroient non-feulement la communication de l'Adda à l'Adige, ou de la Maira à l'Inn; mais encore pour gagner l'avantage de la concurrence fur les Véni-tiens accorderoient tant d'avantages aux commerçans des états héréditaires d'Autri-che, que les états de Venife perdroient le profit le plus clair de leur commerce par la ceffation du paffage de Vérone, où fe font les échanges des befoins entre le Milanois, le Mantouan & le Tyrol.

Cette route d'eau feroit fi importante &

fi lucrative, qu'elle fuffiroit non - feulement à enrichir les finances & le crédit public; mais la facilité de tranfporter dans la néceffité les troupes, les munitions & les provifions de guerre par eau, ménageroit des dépenfes & des foins confidérables au gouvernement.

On a pu voir à cette époque les frais immenfes qu'a occafionnés le tranfport des troupes & des munitions qu'on a voulu faire paffer aux Pays-Bas. Sans parler ici des Souverains, dont il faut traverfer les états, & dont il faut ménager les droits, quels foins & quelles fommes n'exigent pas les moindres préparatifs! Peut-on compter pour rien le temps que l'on eft obligé de perdre, & le long efpace qu'il faut parcourir avant d'arriver à fa deftination? Dans le cas d'une invafion à quoi ne feroit-on pas expofé avant de pouvoir envoyer dans les provinces éloignées les fecours néceffaires ? Comment pourroit-on fe flatter de prévenir un ennemi actif & vigilant, fi le trajet, outre fa longueur, préfentoit encore des difficultés plus embarraffantes ?

Le chemin par eau ne préfenteroit aucun obftacle, & réuniroit le double avantage d'épargner confidérablement les frais, & de rendre promptement les foldats dans les endroits où leur préfence feroit néceffaire. Les vivres pris dans les provinces de la Monarchie fuivroient avec la même facilité, & on auroit encore l'avantage de conferver l'argent dans le pays, & de ne pas enrichir un ennemi fouvent caché.

D'ailleurs ce canal, fi l'on y veut faire attention, pourroit obvier à l'inconvénient que l'avantage de la concurrence d'une province fur une autre pourroit produire, &

mettroit à l'égard des befoins de néceffité abfolue chacune dans la plus grande fécurité.

En effet rien n'eft fi intéreffant pour les Etats d'Autriche que de fufciter des rivaux aux Vénitiens qui mettent comme à contribution le Tyrol, le Mantouan & le Milanois, & par là empêchent le commerce du midi pour le nord de s'augmenter en faveur de ces états.

La Suiffe feule peut leur difputer la concurrence, fi par une négociation bien dirigée on portoit les Grifons à joindre l'Inn au lac Como par la Maira, ou l'Adda à l'Adige. Il s'enfuivroit la communication de cette dernière à la Drave par la Rienz, comme on le voit par la Carte générale. La Drave rendue navigable jufqu'à Clagenfurt, & communiquée enfuite au Danube, ainfi que la

Moldau & l'Eger à la Pegnitz pour joindre le Rhin par une femblable négociation avec la Bavière & les Nurembergeois : la jonction de la rivière de Poprad au Waag , communiquant, comme je l'ai dit , toutes les mers de l'Europe enfemble, le moindre avantage feroit d'avoir des débouchés pour exporter le fuperflu des produits de l'état , & de s'attirer de toutes parts, particulièrement de la Pologne, des denrées qui s'échangeroient contre les produits des manufactures qui fe multiplieroient & fe perfectionneroient à vue d'œil.

Ce feroit l'époque du commerce le plus floriffant pour la Monarchie Autrichienne; devenant l'entrepôt de toutes les marchandifes des pays limitrophes, elle les recevroit dans fes ports, & diftribueroit avec des profits immenfes dans les pays étrangers tout ce qui ne lui feroit pas abfolument néceffaire.

Canal de l'Inn a l'Adige.

La jonction de l'Inn à l'Adige entre Inspruck & Brixen faciliteroit le commerce du Tyrol, & lui donneroit quatre débouchés : en Suisse, en Bavière, en Autriche, & dans les états de Venise, & donneroit un prix aux productions naturelles & aux marchandises manufacturées de cette province, qui augmenteroit l'industrie & les fabriques, & rendroit les denrées de première nécessité à meilleur compte & en abondance. Le passage continuel des étrangers & des marchandises qui s'y échangeroient nécessairement rendroit cette province une des plus riches en argent comptant.

Ces travaux, je l'avoue, paroîtront monstrueux au premier coup-d'œil, & sembleront hérissés d'obstacles insurmontables. Plusieurs les traiteront de chimères enfantées

par une imagination déréglée. Il fe trouvera des égoïftes, aveuglés par l'intérêt perfonnel , qui en regarderont l'exécution
comme impoffible par les dépenfes ruineufes
qu'elle exigeroit. Accoutumés à juger de tout
d'après leurs vues étroites & intéreffées, ils
ne concevront pas qu'un Monarque puiffe
avoir d'autres idées que celles qui les di-
rigent. Ces êtres foibles que tout effraye,
s'écrient dès qu'il paroît un projet utile,
parce qu'il doit néceffairement entraîner
quelques dépenfes. Enfermés dans la fphère
étroite de leur exiftence , ils ne veulent pas
fe convaincre que le Gouvernement agit
toujours en père tendre qui ne cherche que
le bien de fes enfans. C'eft pour ceux qui
n'ont pas même vu le jour, c'eft pour l'honneur de la poftérité & le bien-être de la multitude , qu'un Miniftère éclairé travaille
continuellement; c'eft à l'agrandiffement de
l'état & au bonheur des races futures que le

Souverain confacre fes foins & fes jours ; tandis que ces frondeurs politiques ne penfent qu'à la jouiffance du moment.

Quel intérêt peuvent exciter dans un cœur blafé & inacceffible à l'humanité les projets les plus fages ? Dès l'inftant que l'égoïfte ne jouit plus, il eft ennemi de tout ce qui choque fon intérêt & fes vues particulières.

Je me garderai bien d'ofer ambitionner le fuffrage de pareils individus ; j'en appelle au tribunal des gens éclairés ; qu'ils pefent dans la balance de l'équité les raifons que je foumets à leur décifion, & qu'ils prononcent !

C'eft après un mûr examen, un calcul exact & une comparaifon raifonnée que le Miniftre éclairé, l'appréciateur fenfé, l'artifte actif & expérimenté, en un mot, l'ami

des

dès hommes, trouveront dans mon projet des facilités étonnantes & des avantages inouis.

On voit au premier abord, que ces routes d'eau formeroient une harmonie admirable & vivifiante dans l'état. Le centre qui recevroit & diftribueroit continuellement à leur deftination les produits & les richeffes qu'on lui envoie de toutes parts, donneroit un mouvement continuel & falubre à tous fes membres. Chacun des particuliers muni d'occupation, deviendroit plus vigilant & plus actif, & par une abondance générale enrichiroit les provinces & les fujets, dont l'intérêt perfonnel feroit indubitablement liés aux intérêts du gouvernement, qu'ils ne cefferoient d'adorer comme le plus fage & le plus doux.

H

CHAPITRE III.

Observations sur la rivière de Vienne proposée pour l'embouchure commune entre les trois grandes routes d'eau, savoir celles de la mer Adriatique, du Niester, & de la Valachie, ainsi que de tout ce qui remonte le bas Danube jusqu'à Vienne.

CETTE embouchure seroit d'autant plus utile, qu'étant à portée d'attirer tout le commerce au centre & à la capitale de l'état, elle procureroit la facilité de remonter lestement & à moindres frais depuis Raab jusqu'à Vienne, où la navigation est si difficile, même souvent si impraticable, qu'il faut quelquefois deux mois entiers pour faire ce trajet.

Les travaux qu'elle demande , garantï-
roient pour l'avenir de tous les ravages que
cette rivière ne ceſſera de faire dans l'état
de liberté où on la laiſſe aujourd'hui.

On a propoſé depuis long-temps différens projets ſur cette petite rivière, dont je
n'ai pu être informé. J'en ignore abſolu-
ment le plan & l'objet. La difficulté de pé-
nétrer dans les archives qui renferment des
tréſors qui devroient être ouverts à chacun ,
m'a privé de ce ſecours précieux. J'ai dû
me contenter d'entendre par tradition, qu'il
a été propoſé pluſieurs fois , de lui joindre
différens ruiſſeaux ou rivières , pour lui procurer plus d'eau dans les temps de ſéchereſſe.
J'ignore, ſi le but de ce projet ne ſe bornoit
pas au ſeul avantage d'abreuver les moulins
plus conſtamment.

Quoi qu'il en ſoit , l'augmentation d'un

nouveau. courant d'eau lui donneroit une célérité plus conftante & une force affez puiffante pour fe creufer un lit. C'étoient, felon toute apparence, les vues fages du projettant qui vouloit, dit-on, jetter une partie de la Schwechat dans cette rivière ; auquel on a oppofé affez inconfidérément : qu'augmentant les eaux de la Vienne, elles feroient plus de ravage lorfqu'elles feroient grandes. Qu'il me foit permis de refuter cette objection plus fpécieufe que vraie.

Les *loix* du mouvement des fleuves & la vîteffe de leur courant dépendent de plufieurs caufes réunies plus ou moins felon les circonftances. Ces caufes font: *la pente ou la déclivité du fol, le poids & la quantité des eaux, la cohéfion ou adhérence attractive naturelle à cet élément ;* tout agit de concert à le mettre en mouvement. La preffion perpendiculaire du poids des eaux devient

(117)

naturellement plus forte à proportion qu'elles s'élèvent ; plus elles font hautes , plus
cette preffion agit au fond du lit : plus elles
y trouvent d'obftacles, plus elles s'élèvent
encore, & plus elles travaillent à applanir
le fond & élargir les rives jufqu'à ce qu'il
réfulte entre les eaux & le lit une dimen-
fion proportionnée à ce qu'il doit contenir.
Plus ces eaux font refferrées dans les rives,
moins elles ont de frottement, & plus elles
ont de célérité.

Par une raifon inverfe , plus la fuperficie
qu'elles couvrent eft étendue , plus elles
éprouvent de frottement, & moins elles ont
de force & de vîteffe pour fe creufer un lit.
C'eft ce qui arrive à toutes les rivières - torrens. Trop foibles dans les temps de féchereffe, les eaux s'abandonnent à la pente naturelle d'un fol inégal & tortueux, fans pouvoir atteindre aux rives que les eaux médio-

cres leurs avoient élevées. Les torrens mul-
tipliés qui raffemblent toujours précipita-
ment leurs eaux entre des rives trop peu
formées & mal entretenues caufent les débordemens. Les inégalités du terrain qu'elles inondent, les bas-fonds & les éminen-
ces qui fe trouvent en différens endroits ,
leur procurent une preffion & une vîteffe
que l'impulfion violente des eaux accélère ,
& dont le choc forme à la fin différens lits
finueux que certains obftacles accidentels
font détruire auffi-tôt, pour en former de
nouveaux. Pendant ces inondations ce partage des eaux en différentes branches ne fait
fes effets que dans le fond; la fuperficie eft
une vafte étendue d'eau qui cache les ravages qu'elle fait à fon lit; elle travaille conf-
tamment à conduire les décombres dans les
endroits, & met par-là fouvent le lit prefque au niveau du fol. Les débris flottans
qu'elle entraîne & qu'elle accumule dans des

lieux refferrés (*) par des digues ou des ponts trop peu ouverts, ramaffent une grande quantité d'eau, dont la pefanteur & le choc renverfent l'obftacle qui la retient pour pourfuivre les ravages & les multiplier de nouveau jufqu'à ce qu'enfin elle vienne fe foumettre à des rives proportionnées & capables de la contenir.

Il eft donc à propos, il n'y a pas même de moyens plus fûrs pour contenir ces fortes de rivières, que d'en reftreindre le lit à une largeur & une profondeur proportionnée au plus grand courant qu'il doit contenir, en difpofant des digues verticales ou inclinées

____

(*) Il faut bien fe garder de conftruire les ponts, fur-tout ceux de bois dans les endroits refferrés, où l'eau ne peut prendre d'autre paffage dans le temps des débordemens extraordinaires ; on doit toujours ménager près de ces lieux un efpace, où cette grande furabondance puiffe s'écouler dans l'occafion fans caufer du dommage.

pour foutenir les eaux des débordemens de façon qu'elles jettent toujours le courant dans le milieu, & que l'eau ne puiffe prendre les travaux par derrière.

Alors la viteffe de l'eau étant augmentée, foit en ayant refferré fes rives, foit en y ayant ajouté un nouveau courant d'eau (*), fa rapidité lui fait creufer un lit d'elle-même. Il n'y a plus qu'à obferver dans le commencement d'y appliquer des travaux pour la diriger de façon, qu'elle ne fe jette point fur les bords, elle y prendroit fon point de

---

(*) L'augmentation d'une partie de l'eau d'une rivière jettée (avec une certaine proportion) dans une autre rivière, produit l'effet de mettre en mouvement les eaux de cette dernière qui font prefque immobiles près des rives. L'impulfion qu'elle produit, ne fait qu'accélérer la viteffe fans augmenter le volume foit en largeur ou en profondeur. Ce fait eft évidemment prouvé par des expériences répétées.

gravité, arracheroit les rives fur lefquelles elle fe jette, formeroit des finuofités qui, en rempliffant le lit du côté oppofé, l'obligeroient à déborder. Il faut auffi oppofer des digues contre les remous ou contrecourans dans les contrepentes pour éviter les nouvelles excurfions qui formeroient des bras dangereux & difficiles à réparer.

C'eft pourquoi je foutiens avec Guglielmini (*) & d'autres Hydrauliques, qu'il eft fouvent néceffaire pour empêcher les inondations, de jetter un courant dans un autre, afin de donner plus de célérité au mouvement; mais alors la réuffite dépend du choix des lieux où l'on fait déboucher ce nouveau courant.

―――――――――――――――――――――

(*) Voyez fes Oeuvres, & les Effais fur la réfiftance des fluides par M. d'Alembert ; voyez auffi l'Encyclopédie aux mots qui ont rapport au mouvement des fleuves. Bélidor &c.

Pour être convaincu de la vérité de cette assertion, il suffit de jetter les yeux sur un fleuve quelconque dans les endroits où le lit est le plus étroit. Toutes les eaux rassemblées ont leur courant au milieu, la pression se fait également, le lit est plus profond, l'eau plus rapide, & là elle ne déborde presque jamais.

Ces principes paroissent se contredire ; mais quelques opposés qu'ils semblent au premier coup-d'œil, ils se combinent & s'accordent cependant à concourir au but des artistes, quand ils en connoissent les circonstances, & qu'ils sont brisés par l'habitude à saisir avec justesse les effets que produisent les monumens hydrauliques sur l'action & la réaction des fleuves par leur impulsion, leur vîtesse , leur pesanteur , leur mouvement continuel & leurs variations physiques contre la force solide des différens terrains, de leur qualité & leur direction momentanée ou immuable.

C'eſt de toutes ces conſidérations qu'on peut déduire ce qu'il faut faire pour arrêter les ravages de ces rivières-torrens (*), ce ne fera jamais que par ces moyens qu'on pourra le garantir des dévaſtations de la petite rivière de Vienne.

Cette rivière qui devroit faire le plus beau & le plus utile ornement de la ville à laquelle elle a donné le nom, n'eſt plus qu'un cloaque dégoûtant ou un torrent effroyable. Les immondices qu'il eſt permis à chacun d'y jetter font une perte réel pour l'agriculture, une fource de maladies pour

---

(*) Quant aux rivières tranquilles, c'eſt-à-dire, celles qui ont peu de déclivité, il n'en eſt pas ici queſtion; elles demandent des travaux d'une autre nature.

ceux qui habitent fes rives & un obftacle pour la contenir dans fon lit. Son utilité actuelle ne confifte qu'à faire tourner quelques moulins qui n'ont de l'eau fuffifamment que quatre ou cinq mois de l'année (*) & fi le dommage que fes vannes caufent étoit bien calculé, on verroit qu'il excède de beaucoup l'avantage qu'elles procurent.

On vient d'éprouver par le débordement arrivé le 29 Juillet dernier, combien on a tort de négliger l'entretien de cette rivière. Cette accident nous montre en même temps par le nombre d'arches conftruites au pont d'Italie, & les pilotis découverts dans les brèches qu'a faites ce débordement, que les anciens

---

(*) On pourroit augmenter la quantité des moulins, leur donner une fuffifante quantité d'eau, & les placer dans des endroits moins dangereux pour le public & pour les propriétaires, fans qu'ils foient moins à la proximité de la ville.

avoient pourvu à la crue imprévue & impé-
tueufe de fes eaux. On ne peut concevoir
pourquoi plufieurs de ces arches ont été
bouchées, & pourquoi les rives de cette
rivière font comblées de terre rapportée, où
l'on connoît encore aujourd'hui par les différens lits & les couches entrecoupées du
comblement, que ce ne font que des fu-
miers, des immondices & des décombres
étrangers au fol qui en ont refferré le lit,
& qui, par la même raifon, en efcarpant les
rives, ont comblé le fond. Ces immondices
forment après leur pourriture un limon te-
nace qui lie & condenfe les décombres, les
rend fi compactes fur la fuperficie, que l'eau
avec toute fa violence & fa force peut à peine
entamer en quelques endroits les rives qui
la gênent, & fe déborde fur le fol pour y
faire fes ravages ; elle emporte le terrain
d'un côté ponr l'affeoir dans un autre, où
elle forme des buttes & des élévations, fur

lesquelles l'avidité a laissé bâtir assez incon-
sidérément des baraques, ensuite des maisons,
que le courant a droit de renverser.

D'un autre côté, les vannes qui abreuvent
les moulins sont toutes sans portières (*),
arrêtent les décombres, élèvent le lit, &
laissent à peine voir un courant dans une
vaste superficie d'eau, qui par sa pesanteur
rompt la digue qui la soutient, occasionne
des gonflemens subits qui submergent & ren-
versent tout ce qu'ils rencontrent, sans qu'on
ait le temps d'y porter remède (**).

(*) Il est étonnant que la police si intéressée à la
tranquillité publique laisse subsister des vannes sans
portières au-dessus d'une ville qui doit s'attendre
à chaque débordement de les voir rompre sur elle,
& pour conserver une propriété à un particulier voir
exposées la vie & la fortune de cent familles.

(**) Qui pourroit être tranquille à l'avenir, après
ce dernier accident? La seule pensée doit effrayer en
réfléchissant combien de mille ames seroient péries,
si cette inondation subite étoit arrivée pendant la
nuit, lors du repos de tant de malheureux harassés
de fatigue & de travail!

Il eſt cependant poſſible , il eſt aiſé même de remédier à tous ces défauts , de procurer plus d'eau à cette rivière dans la ſéchereſſe, & de diminuer les ravages qu'elle fait dans ſes débordemens. Son utilité deviendroit bien plus ſenſible, ſi le canal de Porto-Ré à Vienne traverſant la Leytha venoit déboucher par cette rivière.

J'oſe me flatter d'avoir démontré juſqu'à préſent la poſſibilité & la néceſſité d'exécuter ce projet.

Je ne crois pas que perſonne puiſſe révoquer en doute l'avantage qu'il peut procurer à la Monarchie.

Il eſt à propos d'en faire la comparaiſon avec les communications propoſées anciennement. Ce ſera l'objet de la ſeconde partie de mon Mémoire. Je rapporterai fidèlement

Ies obftacles qui en empêchoient l'exécution, & les avantages qui en devoient ré-
fulter ; je les comparerai avec le plan que
j'ai adopté, & l'on pourra juger fans par-
tialité de fon importance & de fa néceffité.

Je donnerai enfuite la defcription & le
dévis approximatif du canal de Porto-Ré à
Carlftadt, ainfi qu'un nouveau fyftême d'exécution pour l'entreprife des canaux, & enfin
la lifte des productions de toute la Monarchie.

FIN de la première partie.

www.ingramcontent.com/pod-product-compliance
Ingram Content Group UK Ltd.
Pitfield, Milton Keynes, MK11 3LW, UK
UKHW022357090726
13658UKWH00002B/695